KNAUR ⊛
MENSSANA

Inhalt

Arbeite mit aller Kraft an der Erfüllung deiner wahren Bedürfnisse, und laufe nicht dein ganzes Leben irgendwelchen Wünschen hinterher.

Vorwort

Gedanken zur neuen Zeit

Allenthalben spricht man von einem neuen Zeitalter. Das Goldene Zeitalter, das die vedischen Schriften schon vor 5000 Jahren prophezeiten, ist bereits in vollem Gange. Man spricht auch deshalb vom weiblichen Zeitalter, weil immer mehr die Seelenkräfte, die dem weiblichen Aspekt zugeordnet werden, das menschliche Bewusstsein beeinflussen werden. Die Astrologen sprechen vom Wassermann-Zeitalter, das nun das seit 2000 Jahren bestehende Fische-Zeitalter ablöst. Ein solcher Wechsel bringt bei den Menschen selbstverständlich viele Ängste mit sich, die noch von den ständigen apokalyptischen Weltuntergangsszenarien geschürt werden. Viele erwarten im neuen Zeitalter ein erwachendes Bewusstsein, sich verändernde wirtschaftliche und politische Strukturen und ein liebevolleres Miteinander im gegenseitigen Verständnis. Dies alles ist gerade erst am Beginn, scheint aber mit rasanter Geschwindigkeit an Kontur zu gewinnen.

Hier scheint es mir interessant zu sein, einmal zu betrachten, was sich in den letzten zwei Jahrtausenden, seit dem Wirken von Jesus Christus und innerhalb des dem Männlichen zugeordneten Fische-Zeitalters, tatsächlich verändert hat. Am Anfang dieses Zeitalters beschreibt die Weihnachtsgeschichte, wie die hochschwangere Maria, die sich unmittelbar vor der Niederkunft befindet, und ihr Mann Josef verzweifelt nach einem Quartier suchen. Wäre dies in der heutigen Zeit, 2000 Jahre danach, für sie einfacher? Um dies herauszufinden, spielten kurz vor Weihnachten

2012 zwei Reporter eines Fernsehsenders – ein Paar, wobei die Frau hochschwanger war – eine solche Szene nach. Die Frau und der Mann waren also plötzlich und unverhofft mittellos bei eisiger Kälte und benötigten ganz dringend ein Quartier. Bei zehn Versuchen wurde ihnen zumindest in drei Fällen Hilfe zuteil. Das Erstaunliche daran aber war die Tatsache, dass sie auch an einem Pfarrhaus klingelten und der Pfarrer sich weigerte, seine Haustüre zu öffnen. Er teilte ihnen über die Sprechanlage mit barscher Stimme mit, dass er nicht gewillt sei, ihnen zu helfen, sie sollten es im Obdachlosenasyl versuchen.

So betrachtet scheint sich nicht sonderlich viel geändert zu haben, aber bedenken wir auch hier, die neue Zeit bricht gerade erst an, und die meisten Leser dieses Buches wurden noch innerhalb des alten Zeitalters geboren.

Betrachten wir nun die Geschichte von Jesus Christus. Er predigte den Menschen Nächstenliebe und gute Taten und brachte ihnen einen lichtvollen Himmel näher. Letztendlich verhöhnten ihn die Menschen und töteten ihn auf grausame Weise. Im vierten Jahrhundert wurde dann in Rom durch Kaiser Konstantin das Christentum eingeführt. In der sich nun bildenden Kirche entstanden gewaltige und brutale Machtstrukturen, was dem damaligen männlichen Zeitalter entsprach.

Im Neuen Testament steht unter anderem geschrieben, dass Jesus als Zwölfjähriger bei den Weisen im Tempel saß. Die Weisen stellten Jesus Fragen und waren fasziniert von dessen weisen Antworten. Hieraus ist meines Erachtens ableitbar, dass Jesus offenbar hellsichtig war und in innigem Kontakt mit der geistigen Welt stand. Später war er dann ein großer Prediger und Heiler. Jahrhunderte später verfolgte die Kirche, die eigentlich seine Lehren vertreten, bewahren und vorleben sollte, die hellsichtigen Prediger, Heiler und Andersdenkende und brachte sie als Hexen und Ketzer ebenfalls auf grausame Weise um. Und dies trotz des kirchlichen Glaubens an die Parusie, an die erwartete Wiederkunft Jesu Christi und mit ihr das Kommen des Reiches Gottes.

Waren vielleicht all die verfolgten Wissenden und Weisen, wie selbstverständlich jeder Mensch auf dieser Welt, Gesandte Gottes, um mehr Liebe, Licht und Weisheit auf die Erde zu bringen? Und wie würde sich diese Situation heute darstellen? Was wäre, wenn Christus wahrlich wiedererscheinen würde? Vielleicht oder sogar wahrscheinlich im Körper einer Frau? Oder was würde passieren, wenn er plötzlich in alter Gestalt mit oder ohne seine Jünger plötzlich auf dem Hauptplatz einer Großstadt erscheinen würde? Ich vermute, man würde ihn belächeln, vielleicht gar für verrückt halten. Würde er Gehör finden, würden voraussichtlich sehr bald die Sektenbeauftragten der Kirchen auf dem Plan erscheinen.

Aber etwas Großartiges hat sich verändert: Heute hätte kein Mensch das Bedürfnis, ihm wie damals nach dem Leben zu trachten. Und in solch verändertem Gedankengut ist die Qualität der neuen Zeit erkennbar. Ein Großteil der Menschen ist deutlich toleranter, verständnisvoller, sanftmütiger, licht- und liebevoller geworden, auch wenn es uns nicht so bewusst ist.

Während vor ca. 100 Jahren noch in Erziehungsbüchern nachzulesen war, dass das Kind eine Kreatur sei, die gezüchtigt werden müsse, hegt heute keiner mehr solche Gedanken. Wir haben heute einen ganz anderen, verständnisvolleren Umgang mit Kindern und Jugendlichen als noch vor einigen Jahrzehnten. Auch in Schulen und Institutionen wird nicht mehr geprügelt. Hier hat sich deutlich etwas im globalen Bewusstsein geändert, und ich möchte behaupten, dass diese Veränderungen, die jeden Einzelnen mehr oder weniger bereits durchdrungen haben, evolutionär nach dem göttlichen Entwicklungsplan verlaufen. Solche Ereignisse lassen erkennen, dass die Menschheit unbewusst einem mehr und mehr erwachenden neuen Bewusstsein entgegenstrebt. Wenn man die Entwicklung in den vergangenen Zeitepochen betrachtet, dann wird schnell ersichtlich, dass diese großen, aber auch großartigen Veränderungen erst in den letzten Jahrzehnten so massiv vonstattengegangen sind.

Wir befinden uns also demnach noch ganz am Beginn eines neuen Erwachens der Menschheit. Aber haben wir Geduld und freuen uns auf das Neue. Dies wird selbstverständlich Veränderungen mit sich bringen, die wir mit unserem heutigen Bewusstsein nicht erfassen können. Die Entwicklungsgeschwindigkeit und die Zunahme des Wissenspotenzials auf der Erde geht in einer immer enger werdenden Spirale steil bergauf, das heißt, es wird nicht voraussehbare Veränderungen geben, die sich nur hypothetisch beschreiben lassen, die sich aber sicherlich weder in einem Crash noch in apokalyptischen Szenarien wiederfinden werden. Es wird aber immer wichtiger werden, sich auf die immer schneller einsetzenden Veränderungen einzustellen und vor allem einzulassen, um mit der zunehmenden Feinstofflichkeit Schritt halten zu können.
Der Mensch war zu allen Zeiten Mitschöpfer seines eigenen Schicksals, und er wird es im verstärkten Maße immer mehr sein. Durch zunehmende geistige Bewusstseins- und Seelenkräfte sind wir heute so intensiv wie nie zuvor in der Lage, unseren Schicksalsweg selbst entscheidend mitzubestimmen. Die Welt wird feingeistiger. Durch die Abschwächung des Erdmagnetfeldes können diese Bewusstseinsprozesse verstärkt vonstattengehen. Je schneller der Einzelne bereit sein wird, sich auf diesen, zugegeben sehr

abenteuerlichen, Prozess einzulassen, desto schneller wird er in der sich verändernden feinstofflicheren Welt ankommen und sich darin wohlig und im Seelenfrieden zu Hause fühlen. Denn jetzt kann er sich die Hilfe der geistigen Welt und das Wissen des gesamten Kosmos zunutze machen und in sein Alltagsgeschehen einfließen lassen.

Ich wünsche Ihnen viel Erfolg bei der Umsetzung.

Wahre Einblicke und Erkenntnisse
erhält man nur mit dem Herzen.

Einleitung

Vor ca. einem Jahr saß ich in einem Café in Hamburg und dachte darüber nach, ein neues Buch, nämlich dieses, zu schreiben. Am Tag davor hielt ich auf einem Kongress, zu dem ich geladen war, einen Vortrag vor ca. 1000 Zuhörenden über das Thema »Ein erfüllteres und erfolgreicheres Leben durch bewusste geistige Anbindung«. Nun überlegte ich also, dies auch in Buchform zu bringen, und in meinen Gedanken begann sich das Buch bereits zu formen und drängte auf Manifestierung. Also begab ich mich auf mein Hotelzimmer und begann dort damit, die sich aufdrängenden Gedanken zwecks Verewigung in meinen Laptop zu tippen. Das Resultat halten Sie nun als Buch aufgeschlagen vor sich.

Geistige Anbindung
in unserer schnelllebigen Welt

Das Leben ist in den letzten Jahrzehnten hektischer geworden, alles wird schnelllebiger. Die Geschwindigkeit unserer Verkehrsmittel nimmt genauso zu wie die Eindrücke, die ständig auf uns einprasseln. Unser Gehirn hat laut wissenschaftlichen Untersuchungen pro Sekunde zigtausend Eindrücke zu verarbeiten. Müssten diese Inputs tatsächlich alle verglichen und verarbeitet werden, müsste unser Gehirn streiken, dann würde gar nichts mehr gehen. Damit das nicht passiert, bedient sich das Gehirn eines sehr einfachen, aber notwendigen Tricks. Was wichtig erscheint, wird gespeichert, die unwichtigen Dinge werden direkt über die Gehirnrinde abgeleitet. Man kann sich das vereinfacht ungefähr so vorstellen: Sie fahren mit Ihrem Auto von Flensburg über Landstraßen durch Städte und Dörfer bis nach Garmisch-Partenkirchen. Sie kommen unterwegs an Hunderten Stoppschildern und roten Ampeln vorbei, wo Sie stehen bleiben und achtsam beobachten, bis Sie weiterfahren können, um Ihren Weg zielgerichtet weiterzuverfolgen. Schließlich kommen Sie in Garmisch-Partenkirchen an und können sich nur an einen geringen Bruchteil der Stopps erinnern. Wenn nicht eine gravierende Situation eintrat, zum Beispiel ein Beinahe-Unfall, hat das Gehirn die unwichtigen Erlebnisse längst wieder ausgefiltert.

Genauso geht das Gehirn mit unseren täglichen Eindrücken um. Das Wichtige wird bemerkt, sofern der Mensch überhaupt noch in der Lage ist, dies zu tun, und nicht schon längst mit einem Burn-out kapitulierte. Das Unwichtige wird ausgefiltert, abgeleitet und verworfen. Doch was ist wichtig und was unwichtig? Wer oder was, welche Instanz entscheidet darüber? Und ist es nicht denkbar, dass unter der gigantischen Fülle der auftreffenden unwichtigen Eindrücke nicht auch die wichtigen, glück- und erfolgversprechenden Inspirationen versteckt sind? Könnte es nicht sein, dass sie mit den unwichtigen, oberflächlichen mitgerissen werden und somit den gleichen Weg wie diese gehen, nämlich durch die Hintertür wieder nach draußen?

Wer diesen Ablauf ungehindert und tatenlos geschehen lässt, darf sich nicht wundern, wenn das Leben an ihm vorbeizieht und er in innere Selbstzweifel und Depressionen stürzt. Wir leben alle unter einem Himmel und haben alle über unseren Geist einen direkten Zugang, sowohl zum von Rupert Sheldrake beschriebenen morphischen Feld wie auch zur Akasha-Chronik.

Das morphische Feld ist ein Feld, wo jeder Gedanke, jede Erfindung und jede vollbrachte Tat abgespeichert ist. Aus ihm entwickelt sich die rasante Zunahme des Wissens auf der Erde. Die Akasha-Chronik ist der göttliche Zentralcomputer, wo das göttliche Wissen und die göttliche Weisheit gespeichert sind. Durch sie erlangen wir über unsere geistigen Impulse Zugang zum kosmischen Wissen. Auf das morphische Feld und die Akasha-Chronik gehe ich noch in Kapitel 3 ein.

Um aber die Erkenntnisse und Impulse aus diesen Wissens- und Weisheitsdimensionen wahrzunehmen und aufzunehmen, bedarf es der inneren Ruhe und Achtsamkeit und der bewussten Anbindung an die geistigen Welten. Nur so ist der Mensch in der Lage, das Gedankenwirrwarr zu entflechten und selbst Einfluss zu nehmen auf die Trennung von wichtig und unwichtig, von sinnvoll und weniger sinnvoll, von glücks- und erfolgversprechend und weniger glücks- und erfolgversprechend.

In unserer vernunftorientierten Kultur ist dies allerdings keine leichte Übung. Unser Gehirn will immer denken, doch das Denken ist das größte Hindernis der geistigen Welt gegenüber und blockiert auch unsere positiven Gefühle und letztendlich auch die Selbsterkenntnis. Unser Verstand will denken, vergleichen, beurteilen und interpretieren. Wahre Einblicke und Erkenntnisse erhält man nur mit dem Herzen. Deshalb besteht die höchste Weisheit darin, den inneren Kampf aufzugeben, uns mit absolutem Urvertrauen Gott und den geistigen Welten zu öffnen, den göttlichen Kern in uns zu erkennen und nicht weiter zu verleugnen. So können sich die Fesseln des Verstandes lösen und die übernommenen Dogmen aufweichen. Überwinden wir die Angst, uns hinter einer Fassade verstecken zu müssen; begegnen wir uns so, wie wir wirklich sind: als ein wundervolles magisches Geschöpf Gottes. Legen wir also unser falsches Ego ab und hören wir auf, mit unserem Verstand glänzen zu müssen.

Wir sollten, um Ruhe in das Tagesgeschehen zu bringen, morgens den Tag lichtvoll mit einer Meditation beginnen, in der wir uns auf den Tag einstimmen, uns vorstellen, dass wir den Tag friedvoll und erfolgreich verbringen werden. Wir sollten in einem Gebet die lichtvolle geistige Welt bitten, dass das Tagesgeschehen und die vielleicht notwendigen Auseinandersetzungen so friedvoll verlaufen mögen, dass sie allen Beteiligten zum Wohle und zur Zufriedenheit gereichen. Wichtig ist es, dass wir unser Herz uns selbst und unseren Mitmenschen gegenüber öffnen und diese Öffnung sowie die durch die Meditation hergestellte geistige Anbindung über den ganzen Tag halten. So kann die geistige Welt an uns arbeiten, wir können die Hilfe wahrnehmen und annehmen, und wir können immer mehr über das unendliche kosmische Wissen verfügen und es uns zunutze machen.

Wir sind alle mit allem verbunden, es gibt keine Trennung, alles ist eins. Wir Menschen sind, wie jede Materie, letztendlich die maximale Verdichtung der Energie, und diese ist flexibel. Ständig verlassen uns Teilchen, und ständig treten welche in unseren Verbund. Wir alle sind geistige Wesen und hier auf der Erde, durch die Materie, nur scheinbar getrennt. Wir alle gehören zusammen, und gemeinsam sind wir stark. Trennen wir uns also nicht vom Ganzen ab, denn als Einzelkämpfer gestaltet sich das Leben mühsamer. Öffnen wir uns dem Kollektiv, nutzen wir das geistige Wissen und erkennen wir die unendlichen Möglichkeiten, die in der geistigen Anbindung vorhanden sind.

Unsere früheren Vorfahren spürten noch die Zusammenhänge von geistiger und materieller Welt. Heutige Naturvölker tun sich damit auch noch leichter, sie haben sich den emotionalen Zugang bewahrt. In unserer Kultur hingegen verdrängte der Glaube an das Materielle und an die Wissenschaft die Gefühlsebene mehr und mehr.

Doch die moderne Physik beginnt, die Zusammenhänge von Energie und Materie zu verdeutlichen. Dieses Buch will darüber aufklären, wie die geistigen Welten aufgebaut sind und wie man Hilfe für alle Lebenslagen, für Alltag und Beruf, von dort erlangen und geistiges Wissen abrufen kann.

Ein erfülltes, glückliches und erfolgreiches Lebensgefühl ist erreichbar, wenn man sich der Führung der Engel anvertraut. Die himmlische Unterstützung steht jedem Menschen über die Herzens- und Seelenebene zur Verfügung, wenn der Mensch dazu bereit ist und sich dafür öffnet. Es sind oft Begegnungen, Intuitionen und Geistesblitze, in denen sich die geistige Hilfe offenbart.

Die lichtvollen Tugenden des Seins

Auf dem dauerhaften Weg zum Licht und zur Liebe werden wir von Inkarnation zu Inkarnation, von jenseitigem Sein zu jenseitigem Sein, mit den sieben großen Entwicklungsthemen konfrontiert. Im irdischen Leben sind sie der Weg für Freiheit, Erfolg und Glück. Beim Abschied aus dem Erdenleben erleichtern sie das Loslassen, und nach dem Übertritt in die himmlischen Dimensionen benötigen wir ihre Erlösung für den Aufstieg.

Schritt 1: Erkenntnis. Erkennen wir, dass alles in Bewegung ist. Nichts ist unnötig, alles hat einen lichtvollen Sinn. Das Leben ist im Werden und Vergehen. Lassen wir uns vom Leben führen und tragen. Ohne Vergangenheit gäbe es keine Zukunft; erkennen wir den Prozess in der Gegenwart, im Hier und Jetzt.

Schritt 2: Verständnis. Verständnis schafft die Voraussetzung zur Gleichberechtigung und zum weisen Umgang der Menschen miteinander, unabhängig von der Beurteilung der Kultur, des Geschlechts, der Religion, des Berufs oder des Alters. Verständnis löst die innere Angst, Enge, Hilflosigkeit und Aggression und macht frei und unabhängig.

Schritt 3: Vergebung. Aus der Vergebung, die uns auf neue Wege führt, entsteht die Kraft zur inneren Veränderung. Dies ist der wahre Dienst an der Menschheit. Vergeben kann nur der, der liebt.

Schritt 4: Vertrauen. Vertrauen führt zur wahren Erweiterung des Horizonts. Es versetzt den Menschen in die Lage, aus der inneren Veränderung heraus neue Wege im Außen zu gehen. Im Vertrauen ist der Lebenssinn der Entwicklung spürbar.

Schritt 5: Mut. Wir brauchen Mut, um die eigene Angst zu überwinden, auf neuen Wegen in Freiheit vorwärtszuschreiten, alles für möglich zu halten und die Kontrolle abzugeben. Dann können wir in Frieden und Harmonie unseren individuellen Weg im Einklang mit der Schöpfung gehen.

Schritt 6: Loslassen. Wer stets in Leichtigkeit vorwärtsschreiten will, muss alle belastenden materiellen und emotionalen Anhaftungen loslassen. Dann erst erkennt der Mensch, dass er nicht allein ist, sondern dass er als Teil der göttlichen Ordnung geführt und von Gott geliebt wird.

Schritt 7: Liebe. Liebe ist der höchste Zustand des Menschen, weil er sich in allem lichtvoll wiedererkennt. In dieser Kraft herrscht nur Harmonie und Frieden, so dass es keine Konflikte gibt, sondern absolute Stimmigkeit in Gottes Angesicht. Liebe ermöglicht Frieden mit der Vergangenheit, ist Motivation für die Zukunft und Lebensfreude in der Gegenwart. Allem voran sollte hier wie selbstverständlich die Selbstliebe stehen, um die All-Liebe zu erkennen und weiterzuentwickeln.

Ich hoffe, dass Sie aus diesem Buch viel Wissen und Verständnis für die geistigen Welten und deren Hintergründe ziehen können, und wünsche Ihnen ein glückliches, harmonisches, bewusstes, lebensbejahendes und erfolgreiches Leben in Liebe und Achtsamkeit auf unserem wunderbaren Planeten Erde.

*Selbstliebe ist ein Bewusstseinszustand und bedeutet,
sich selbst zu genügen.*

1. Mein eigener medialer Weg

Ich verfüge über starke Hellsichtigkeit, die mich befähigt, die geistigen Welten sowie Gott und die geistigen Wesen genauso deutlich zu sehen wie das »reale«, materielle Umfeld. Ich betrachte es in diesem Leben als meine Aufgabe, all das der Menschheit zu offenbaren. Ich sehe auch meine Berufung darin, den Menschen die Schöpfung, ihren Ursprung und den Lebenssinn näherzubringen. Ebenso den Aufbau des Himmels und den Weg und die Aufenthaltsräume der unsterblichen Seele nach ihrem irdischen Ableben, wo der Körper mit seinem zu Lebzeiten vorhandenen Intellekt abgelegt und zurückgelassen wird. Nachdem auch der Geist mit all seinen Erfahrungen zu seinem »Aufenthaltsraum« innerhalb der Akasha-Chronik aufgestiegen ist, kann die Seele nun losgelöst vom irdischen Ballast den Einstieg und Aufstieg in die himmlischen Dimensionen beginnen. Ich hoffe, dass das Wissen über die unsterbliche Seele und über die jenseitigen Welten das Vertrauen in Gott und die Schöpfung stärken und die Angst vor dem Tod abnehmen kann.

Ich sehe die uns umgebenden geistigen Welten genauso deutlich wie die materielle Welt. Um die geistigen Welten zu sehen, bedarf es für mich keinerlei Vorbereitung oder Anstrengung. Das Gegenteil ist der Fall: Ich muss mich eher konzentrieren, um die »Welten« auseinanderhalten zu können, um nicht dauernd in der Hellsichtigkeit zu sein und um mich hier auf der Erde zu verankern.

Ich wurde in Russland geboren. Bereits seit früher Kindheit bin ich hellsichtig. Ich kam einige Wochen zu früh zur Welt, und es gab mehrere Nahtoderlebnisse, die vermutlich dazu bestimmt waren, die Anbindung und das Vertrauen in die geistige Welt zu stärken und somit die Hellsichtigkeit immer stärker zu manifestieren. Ich vermute, dass ich deshalb nicht ganz in der Materie inkarnieren konnte.

In meiner Kindheit sah ich zunächst die Seelen von Verstorbenen in der Astralebene, was für mich verständlicherweise keine schöne Erfahrung, sondern eine starke seelische Belastung darstellte. So geht es übrigens fast allen stark hellsichtigen Menschen. Die noch erdnahen Seelen von Verstorbenen, die den Aufstieg ins Licht noch nicht gefunden haben, schwingen in einer tieferen, grobstofflicheren Frequenz als die lichtvolleren Wesen und sind deshalb leichter wahrnehmbar.

Viele hellsichtige Menschen sind durch solche frühen Erlebnisse derart schockiert und verängstigt, dass sie im späteren Leben Angst vor ihrer Hellsichtigkeit haben und deshalb versuchen, sie auszublenden. Auch für mich war die Hellsichtigkeit am Anfang eine große, schwer zu tragende Herausforderung, denn die lichtvollen Engel sah ich erst viel später.

Die spirituellen Gaben sind durch meine Familie auf mich gekommen. Meine Urgroßmutter mütterlicherseits, Palina, war mit starken lichtvollen Kräften ausgestattet. Bis zu ihrem Tod war sie meine spirituelle Lehrerin. Aber auch nach ihrem Weggang blieb sie es und setzte ihre Unterweisung aus den geistigen Welten fort. Ich empfing Visionen von ihr und erhielt Durchsagen in Bezug auf wichtige Lebensentscheidungen.

Nach diesen tiefgreifenden Erfahrungen, als Kleinkind eher unbewusst und dann mit zunehmendem Alter und durch die späteren Astralreisen immer bewusster, schaute ich öfter und länger in die jenseitigen Welten. Zunächst sah ich, wie schon beschrieben, überwiegend unerlöste verstorbene Seelen. Meine Kindheit und Jugend war deshalb noch nicht so sehr von lichtvollen Erfahrungen erfüllt. Außerdem wusste ich damals auch noch nicht, wie ich mit solchen Erscheinungen richtig umgehen sollte. Heute habe ich gelernt, wie man solche Seelen weiter ins Licht senden und ihnen bei der Erlösung helfen kann.

Durch diese und eine Reihe anderer ungewöhnlicher geistiger Erfahrungen, auf die ich hier nicht näher eingehen möchte, bin ich eigentlich nicht wie ein »normales« Kind aufgewachsen. Ich hatte mehr Interesse an Dingen, für die man sich üblicherweise erst später, in fortgeschrittenerem Alter interessiert: an Philosophie, Fragen nach dem Sinn des Lebens, an Wissen über das Leben vor der Geburt und nach dem Tod, an Fragen nach höheren Sphären, Lichtwesen und Ewigkeit. Das machte mir die Jugendzeit nicht gerade leicht.

Mit 23 Jahren bekam ich aus der geistigen Welt immer deutlichere Hinweise, ich solle an den Bodensee ziehen und dort in der Naturheilpraxis eines lieben Freundes mitarbeiten. Dort lernte ich die Probleme und Krankheiten der Menschen kennen und erkannte bald die geistig-seelischen Hintergründe vieler Erkrankungen. Und immer deutlicher konnte ich die Organe der Patienten und die Aura der Menschen sehen.

Seitdem ich mich ganz bewusst für die Liebe zu mir selbst, zu Gott und den Mitmenschen entschieden habe, ihnen gegenüber mein Herz öffnete und den Menschen und dem Leben, Gott und der Schöpfung immer mehr vertraute, begannen sich die lichtvollen geistigen Welten für mich mehr und mehr zu öffnen. Von diesem Zeitpunkt an sah ich nicht mehr nur Verstorbene, sondern konnte zunehmend auch die lichtvollen himmlischen Welten wahrnehmen.

Nach meiner Entscheidung, mich ganz mit der lichtvollen geistigen Welt zu verbinden und mich in Demut und Dankbarkeit ihr hinzugeben, und nach mehreren spirituellen Rückzügen auf die Rigi am Vierwaldstättersee bei Luzern (ein »weiblicher« Berg in der Schweiz, deshalb *die* Rigi), verstärkte sich der Zugang zu den lichtvollen Welten in rasender Geschwindigkeit.

Im Mai des Jahres 2003 konnte ich dort sehen, dass die satten, grünen, mit unzähligen Blumen übersäten Bergwiesen belebt und beseelt waren. Ich konnte viele kleine, etwa kniehohe Wesen sehen, die an der Erde arbeiteten. Es handelte sich dabei um sogenannte Zwerge und Wurzelwesen. Einige hielten in ihrer Arbeit inne, als sie bemerkten, dass ich sie sehen konnte.

Ich setzte mich voller Verblüffung auf die Wiese und beobachtete ihr Treiben, während ich mich mit all meinen Sinnen freudig und gleichzeitig demutvoll auf dieses neue, unglaublich faszinierende Erlebnis einließ. Während ich die wärmenden Strahlen der Frühlingssonne auf meiner Haut und den sanften Wind in meinem Haar genoss, wurde es in mir immer ruhiger und friedlicher. Wie aus dem Nichts aufgetaucht, sah ich plötzlich ein etwa menschengroßes Wesen von weiblicher Gestalt, das an mir vorbeizog und eine Art Gefäß mit einem intensiv leuchtenden Licht in der Hand hielt. Es war das Bergwesen der Rigi. Sie hielt inne und betrachtete mich freundlich. Sie stellte sich als die Bergwächterin vor und erzählte mir, dass es ihre Aufgabe sei, die Energie des Berges aufrechtzuerhalten, das Wissen über diesen Berg energetisch zu speichern und über das Tun der Naturwesen zu wachen. Das Gefäß, das sie in der Hand trug, war nichts anderes als ein Symbol des gespeicherten Wissens.

Zum besseren Verständnis der geistigen Welten möchte ich hier darauf hinweisen, dass die Bergwächterin in Wirklichkeit, so wie alle Lichtwesen, auch die Engel, aus einer formlosen Energie besteht. Nur die Materie hat eine Form, und diese Wesen sind nichtmateriell. In ihrer wirklichen Dimension ist die Bergwächterin so groß, dass sie den Berg damit einhüllt und beseelt. Doch alle Lichtwesen können sich komprimiert darstellen, und wir Menschen können sie so wahrnehmen. Dies ist auch bei den Engeln der Fall: Sie zeigen sich uns so, wie wir sie, kulturell bedingt, am besten begreifen. Erzengel zum Beispiel sind überdimensional große, weltumspannende Energiewesen, die sich aufspalten und sich uns Menschen komprimiert in überschaubarer Engelsgestalt zeigen können.

Zwei Tage später, als ich wieder die geistigen Wesen auf den Wiesen bestaunte, erschien plötzlich ein ca. hüfthohes dünnes Naturwesen neben mir, winkte mir freundlich zu und führte mich einige hundert Meter weiter auf eine Lichtung. Dort erschien mir dann die Bergwächterin, die mich liebevoll begrüßte und mit einer erhabenen und würdevollen Geste nach oben zeigte. Ich erlebte, wie vor meinen Augen sich der Himmel auftat, und ich sah symbolisch eine lange Reihe von »Lichtbüchern«. Die Bergwächterin sagte zu mir: »Du kannst alles Wissen aus der kosmischen Bibliothek abrufen. Hier ist das gesamte Wissen des Himmels und der Erde vorhanden. Dieses wirst du der Menschheit übermitteln und Bücher schreiben.« Ich wollte und konnte dies zunächst nicht glauben, ich traute es mir nicht zu, aber sie versicherte mir:

»Doch, du kannst es jederzeit, weil du eine von uns bist.« Dies war der faszinierende Moment meiner Erleuchtung! Von da an offenbarten sich mir die geistigen Welten, die Wesenheiten und das Wissen. Gleichzeitig steigerte sich meine Fähigkeit, Gott, meine Mitmenschen und mich selbst zu lieben. Durch das erwachende Vertrauen in die geistige Führung und den Schutz aus dieser Dimension konnte ich meine Angst vor der Hellsichtigkeit in den Griff bekommen. Und je mehr ich mein Herz öffnen konnte, desto lichtvoller wurde meine Ausstrahlung, und ich kam in Resonanz mit den höher schwingenden Engelwelten und mit Gott.

Ich kann die geistigen Welten sehr deutlich sehen, die geistigen Wesenheiten ganz selbstverständlich wahrnehmen und mich in ihren Welten bewusst bewegen. Mir steht seither das kosmische Wissen zur Verfügung, und ich kann mich gezielt von der geistigen Welt lehren lassen und in die geistigen Dimensionen schauen. Ich bin heute, mehr denn je, in den geistigen Welten genauso zu Hause wie in der irdischen Welt.

Das Wissen, das die Engel mir zur Verfügung stellen, und die Anbindung an die geistigen Wissensdimensionen, vornehmlich an die Dimensionen des geistigen Wissens, die Akasha-Chronik, und die Dimensionen des irdischen Wissens, das Rupert Sheldrake als »morphisches Feld« beschreibt, helfen mir, das geistige Wissen in Vorträgen, Seminaren und Büchern meinen lieben Mitmenschen zu übermitteln.

2. Die Welt im Wandel

Vom männlichen ins weibliche Zeitalter

Die vedischen Schriften, das weltweit älteste bekannte spirituelle Werk, haben uns bereits vor 5000 Jahren das Goldene Zeitalter prophezeit. Die Astrologen sprechen vom Übergang des Fische-Zeitalters der vergangenen 2000 Jahre ins Wassermann-Zeitalter. Das 13. Baktun des Maya-Kalenders endete 2012, was ebenfalls auf die Ankunft eines neuen Bewusstseins hinweisen könnte. Rudolf Steiner hat bereits beschrieben, dass die Menschen sich im Goldenen Zeitalter nicht mehr nach Rassen, sondern nach »gut« und »böse« unterscheiden werden.

Dies alles hat schon längst begonnen. Noch vor einigen Jahrzehnten hätte kein Mensch sich vorstellen können, dass Menschen verschiedener Rassen und Kulturen sich jemals in einer solchen Geschwindigkeit vermischen werden und sich gegenseitig liebevoll akzeptieren.

Dies vollzieht sich nach einem göttlichen Evolutionsplan.

Und was bedeutet das für uns heute? Die Menschen bekommen immer mehr die evolutionäre, positive Entwicklung zu spüren. Die Bewusstwerdung steigt nahezu in allen Lebensbereichen. Die Menschen machen sich immer mehr eigenständige Gedanken über den Umgang mit der Natur, gesellschaftliche Werte, medizinische Entwicklung, berufliche und religiöse Freiheit, spirituelles Erwachen, Pädagogik und vieles mehr.

Vom Anspruch an neuer Lebensqualität, Freiheit und Verantwortung wird jeder individuell berührt. Doch wir sind alle noch in das alte, »verhärtetere«, männliche Zeitalter hineingeboren. Daher herrschen in unserer Gesellschaft selbstverständlich noch die alten Strukturen vor. Für unsere eigene Zukunft und für die Zukunft unserer Kinder sind wir die Vorreiter für neue, liebevollere Aufbau- und Umgangsformen.

In unserer Gesellschaft geht es uns heute nicht mehr nur um das nackte Überleben. Vor ca. 100 Jahren, als es noch Geheimwissen um die geistige Entwicklung und das freie Denkvermögen gab, ging es um die Bewusstwerdung der Kraft des Geistes in der Gesellschaft. Heute sollen wir es uns zur Aufgabe machen, unsere Fähigkeiten bewusst mit der Herzensqualität der Seele zu verbinden und alles mehr in Liebe anzugehen. Die evolutionäre Entwicklung des Goldenen, weiblicheren Zeitalters der Liebe bringt für den Menschen auch neue individuelle Herausforderungen und Lernaufgaben.

Um zu verstehen, warum die neue Zeit oft als weibliches Zeitalter bezeichnet wird, müssen wir die Werte und Tugenden, die einen Menschen ausmachen, näher betrachten. Wir leben auf der Erde in der Polarität, das heißt, es gibt für alles einen Gegenpol.

Ein ausgeglichener Mensch braucht es, beide Pole zu leben, er braucht zum Beispiel sowohl machtvolle, kreative, durchsetzungsfähige als auch nachgiebige, bewahrende

Anteile. Wenn wir einige wichtige Anteile in einem Menschen, ganz gleich ob Mann oder Frau, betrachten, dann können wir diese in erschaffende männliche und liebevolle weibliche Anteile aufgliedern:

- Männlich: Intellekt, Wissen, Erschaffen, Macht, Ausdauer, Kreativität, Durchsetzung, Härte, Bewegung
- Weiblich: Weisheit, Liebe, Ruhe, Frieden, Bewahren, Demut, Hingabe, Weichheit, Vertrauen

In den vergangenen Zeitepochen herrschte überwiegend die männliche Dominanz vor – mit Härte, Strenge und Macht. Dies zeigt sich an der Stellung und den Machtansprüchen der Kirche, an engen gesellschaftlichen Normen und Moralvorstellungen und an kriegerischen Auseinandersetzungen.

In dieser Zeit war der Intellekt vorherrschend. In der nun beginnenden neuen Zeit stehen eher die weiblichen Strukturen im Vordergrund, in denen Werte wie Mitgefühl, Verständnis, Liebe, Gleichberechtigung, Wahrheit, Ehrlichkeit, Demut eine immer größer werdende Rolle spielen. Da man hierbei von weiblichen Werten spricht, nennt man die neue Zeit auch gern das weibliche Zeitalter. Dies bedeutet aber nicht, dass es ein Zeitalter der Frauen ist, auch wenn diese endlich mehr Anerkennung finden, sondern es handelt sich um eine Vermehrung der weiblichen Werte, die als Ausgleich der bisherigen männlichen Dominanz dienen. Während die bisherige Zeit also mehr von Intellekt und Macht dominiert wurde, wird in die neue Zeit auch immer mehr Liebe und Weisheit mit einfließen können.

Die beiden Wertigkeiten müssen im Menschen ausgeglichen sein. Hat die bisherige dominierende männliche Vorherrschaft häufig zu Verwüstungen und Kriegen geführt, so wird die weiblichere Ära mehr Harmonie und Frieden bringen.

Machen wir alle den Schritt in das weibliche Zeitalter und vergessen wir dabei aber nicht, dass wir unsere männlichen Anteile liebevoll bewahren müssen. Denn mit Liebe und Harmonie allein kann es keine Weiterentwicklung geben. Was nützt uns die größte Weisheit (weiblich), wenn uns kein Intellekt (männlich) zur Verfügung steht?

Vereinen wir also beide Kräfte und erschaffen wir eine bessere, harmonischere Welt, im Innen wie im Außen!

Zu keiner Zeit in der Menschheitsgeschichte hatte der einzelne Mensch jemals die Möglichkeiten wie gerade jetzt, zu erfahren, wer er wirklich ist und was seinen Lebenssinn und seinen Seelenplan ausmacht. Es gibt kein Geheimwissen mehr, keine Kirche, die uns mit einem strafenden Gott, mit Sünde, Hölle und Fegefeuer einschüchtern kann. Heute steht uns das ganze kosmische Wissen zur Verfügung.

Wie wir uns an die neue Zeit anpassen können

Die Zukunft wird große Veränderungen mit sich bringen. Wir befinden uns mittendrin in einem großen Wandel. In einem Zeitalter, in dem sich die Menschheit durch die evolutionäre Bewusstseinsentwicklung nach dem göttlichen Plan zur Liebe hin verändern wird. Physikalisch lassen sich enorme kosmische Veränderungen messen. So nehmen die Sonnenaktivitäten zu, was gleichzeitig das Magnetfeld der Erde schwächer werden lässt. Auch die Pole des Erdmagnetfeldes verändern sich. Diese Veränderungen spielen, neben dem menschlichen Irrsinn, beim Klimawandel wie auch bei der Zunahme der Naturkatastrophen eine große Rolle. Gleichzeitig wird, bedingt durch diese kosmischen Veränderungen, die Menschheit sensibler und offener, was wiederum zunehmend zu einer kollektiven Bewusstseinserweiterung führt. Es steht uns ein gigantischer kosmischer und geistiger Schritt in der evolutionären Entwicklung bevor. Die Abschwächung des Erdmagnetfeldes hat einen direkten Einfluss auf Nervensystem und Psyche der Menschen und somit auch auf unsere geistige Bewusstwerdung. Wenn um uns herum alles feinstofflicher wird, müssen wir dann auch darauf achten, dass wir uns diesen Veränderungen anpassen.

Wir sollten uns der neuen Schwingung gegenüber öffnen. Wir sollten unsere geistige Anbindung und unsere Seelenkräfte stärken. Wir sollten die liebevolle Schwingung zulassen und unser Herz uns selbst, Gott und den Mitmenschen gegenüber öffnen. Durch unsere zunehmende Feinstofflichkeit und die Zunahme der Bewusstseins- und Seelenkräfte werden wir uns dann verstärkt das kosmische Wissen und die kosmische Weisheit zunutze machen können.

Diese drastischen Veränderungen bergen aber auch eine große Gefahr für diejenigen Menschen, die vom Grundnaturell her sensibel sind, sich diesen neuen Kräften gegenüber aber verschließen. Durch die Abnahme des Erdmagnetfeldes schwächen sich die strukturierenden Kräfte ab, was dann eine Zunahme von nervlicher Überreizung, Burn-out, Depressionen und psychischen Irritationen für diese Menschen mit sich bringen kann. Deshalb ist eine spirituelle Ausrichtung und geistige Anbindung wie auch das Urvertrauen zu sich selbst und zu geistigen Welten in der heutigen Zeit wichtiger denn je.

Eine Wende dieser Dimension braucht optimistische Menschen, die Zuversicht und Licht in die Welt tragen. Die Menschen werden zwar sensibler und feinfühliger, neigen aber immer noch dazu, sich nach altem Muster zu verhalten, zum Entweder-oder-Denken. Mittlerweile ist der Mensch so reif und sein Bewusstsein so hoch entwickelt, dass er keinen Weltkrieg oder andere Dramen mehr für seine weitere Entwicklung benötigt.

Schenken Sie dem göttlichen Plan, der Menschheit und sich selbst Vertrauen. Gottes grenzenlose Liebe und Kreativität findet sicherlich keine Entfaltung innerhalb einer Apokalypse oder eines Weltuntergangs, wie es in letzter Zeit gehäuft prophezeit wird, sondern in einem liebevollen Bewusstsein des Menschen. Diese Veränderungen, die die Zeit mit sich bringen wird, werden in dem Ausmaß stattfinden, in dem jeder Mensch daran reifen kann und somit auch in seiner Entwicklung nachkommt. Das Ausmaß solcher Veränderungen hängt stets mit der evolutionären Entwicklung und dem freien Willen des Menschen zusammen und entsprechend auch dem natürlichen Verlauf der Entfaltung des Kosmos.

Da wir noch in das alte, männliche Zeitalter hineingeboren wurden, tragen wir auch noch diese Strukturen und Erfahrungen aus der Erziehung in uns. Es obliegt nun unserem freien Willen, ob wir mit diesen Mustern, die uns eine vermeintliche Sicherheit bescheren, unser Leben weiterhin gestalten, oder ob wir den großen Schritt in das neue Zeitalter mit neuer Freiheit, Leichtigkeit, Freude und liebevollem Umgang mit uns und unseren Mitmenschen wagen.

Vollziehen wir diesen Schritt im tiefsten Herzen (und nicht nur mit dem Intellekt), so stehen uns die unendliche Weisheit und das Wissen des ganzen Kosmos heute viel mehr zur Verfügung als jemals zuvor. Heute können wir Begrenzungen loslassen; die geistige Welt erwartet dies, die Engel stehen uns unterstützend zur Seite.

Ich möchte Sie ermuntern und wünsche Ihnen von ganzem Herzen Vertrauen und Hoffnung in eine neue, liebevolle Welt. Bringen Sie Ihr Inneres in Liebe zum Erstrahlen, so leuchtet wieder ein Licht mehr auf der Welt.

Glauben Sie also von ganzem Herzen an eine lichtvolle Zukunft, an ein liebevolles Zusammenleben und an eine Zeit, in der Kriege bald keine Rolle mehr spielen werden, und an ein neues erwachendes Bewusstsein. Und bringen Sie sich selbst in den Wandel bewusst ein. Gerade auch auf Sie ganz persönlich kommt es bei der Entwicklung auf unserem geliebten Planeten Erde an.

Viele Menschen wachsen mit einem vorgegebenen Glauben auf, den sie im Laufe ihrer Entwicklung von ihren Eltern übernehmen – aber in der heutigen Zeit wollen immer mehr Menschen die Spiritualität bewusst leben, bewusst den höheren Sinn der menschlichen Existenz erkennen und den Glauben persönlich erfahren.

Was ist Spiritualität?

Was wir heute unter Spiritualität verstehen, umfasst alle Weltbilder und Lebensweisen, die über den Materialismus hinausreichen. Sie gründet sich in einer geistigen Verbindung mit dem Höheren, man könnte auch sagen: mit dem Übersinnlichen. Spirituelle Menschen suchen aus einem tiefen, unerschütterlichen Glauben heraus den Zugang zu Gott, und ihre Spiritualität bedeutet für sie geistige Orientierung und Lebenspraxis. Die Spiritualität befasst sich mit Sinn- und Wertefragen des Daseins, mit den Grundlagen unserer Existenz und unserer Selbstverwirklichung – und dies alles in Verbindung mit dem Göttlichen und einer höheren Wirklichkeit. Spiritualität ist ein Weg zur Liebe, der den Menschen durch all die einschneidenden und auch wunderbaren Veränderungen seines Lebens trägt. Es gibt verschiedene Ausdrucksformen der Spiritualität:

Dazu gehören Gebet und Gottvertrauen bis hin zum Gefühl einer tiefen Geborgenheit; Erkenntnis, Weisheit und Einsicht und die Überzeugung, dass es Transzendenz gibt – eine höhere Wirklichkeit. Dazu gehören aber auch Mitgefühl, Großzügigkeit und Toleranz und ein bewusster Umgang mit anderen, mit sich selbst und der Umwelt. Und schließlich zwei wichtige Aspekte: die Ehrfurcht und vor allem die Dankbarkeit.

Das spirituelle Verständnis unseres Daseins hat Auswirkungen auf die persönliche Lebensführung und die ethischen Vorstellungen. Da es die individuelle Lebens- und Erfahrungsgeschichte mitgestaltet, hat es auch erhebliche Auswirkungen auf unser Seelendasein im Jenseits und auf künftige Inkarnationen.

Aber wie entsteht ein solch spirituelles Verständnis? Zunächst einmal ist ein tiefes Vertrauen voller Glaube an das Göttliche nötig, damit wir in den Kräften des Erwachens, der Einsicht, der Erkenntnis und der Liebe das Geistige als Realität erkennen. Lebt der Mensch danach, so kann sich innerer Friede entfalten. Alles wird zu seiner Zeit seine Heilung auf allen Ebenen erfahren. Diese Erkenntnis ist nötig, um die innere Weisheit zu haben für das tatsächliche Erleben des Göttlichen.

Dieses Erleben kann von Mensch zu Mensch sehr unterschiedlich aussehen. Allen Erfahrungen liegt aber eine Wahrheit zugrunde: Gott ist universelle Energie des Lebens und Schwingung der Liebe, der Ruhe und des Friedens – ein Zustand des absoluten Seins. Gott findet seine Ausdrucksform in der erschaffenden und hingebungsvollen Kraft. Diese Kraft lebt in jedem Menschen und findet in liebevollen Taten ihren Ausdruck. Die Verbindung mit dem Transzendenten besteht zu jeder Zeit, und wer achtsam mit seiner Wahrnehmung umgeht, erlebt sich im Austausch mit anderen, in Gedanken und Emotionen. Dieses göttliche Bewusstsein brauchen wir für eine positive, liebevolle Ausrichtung unseres Inneren.

Gelebte Spiritualität zeigt dem Menschen den Weg, die wahren inneren Werte zu erkennen, die das Leben wirklich lebenswert machen und alles darstellen, was den Menschen in seinen zwischenmenschlichen Begegnungen bereichert. Es sind die inneren Werte, die den Menschen immer mehr aufrichten und Klarheit schaffen: Ehrlichkeit, Mitgefühl, Verständnis, Erkenntnis, innere Erlebnisse und Liebe. All diese Tugenden sind nötig, um Spiritualität praktisch im Alltag zu leben.

Solange unser Leben nach unseren Vorstellungen verläuft, fällt es uns leicht, diese Eigenschaften zu spüren. Doch wir müssen unseren Glauben an das Gute und an Gottes Kraft auch in weniger beflügelnden Zeiten bewahren und aus einem tiefen Vertrauen heraus allen Ereignissen etwas Gutes abgewinnen. Wir sollten stets darauf achten, dass alles, was wir tun, aus vollem Herzen, in Liebe und Freude geschieht. Damit diese Eigenschaften zu jeder Zeit selbstverständlich werden, können wir uns mit Gebeten, Segnungen, Meditationen, intensiven Gesprächen, Momenten der Ruhe und Besinnung, langen Spaziergängen und erhöhter Achtsamkeit im Alltag zur inneren Besinnung bringen.

Es ist wichtig, jegliche Angst vor den Menschen und vor dem Leben in Liebe zu verwandeln. Und wir müssen aufhören, andere zu beurteilen und zu verurteilen. Wir dürfen nicht vergessen, dass kein Mensch etwas Negatives tun kann, ohne auch etwas Positives anzustoßen. Wir müssen aufhören, uns wie hilflose Opfer oder wie Täter zu fühlen. Stattdessen sollten wir wie die Engel eine neutrale, urteilsfreie Haltung voller Sicherheit und Vertrauen einnehmen. Für die spirituelle Entwicklung ist es außerdem sinnvoll, mehr Wissen über die jenseitigen Welten zu erlangen, um größere Weisheit im Leben entwickeln zu können. Wenn man von einer emotionalen Sichtweise ausgeht, dann ähnelt das Leben auf der Erde in gewissem Sinne dem Sein im Jenseits. Denn die Seele nimmt all ihre Emotionen mit in den Tod und muss im Jenseits lernen, sie loszulassen. Gelingt uns dies schon zu Lebzeiten, so können wir bereits hier ein leichteres und befreiteres Leben führen.

Leider ist in unserer Kultur der Tod mit vielen Ängsten besetzt, die durch Unwissen und falsche Interpretationen entstanden sind. Sie lassen sich mit mehr Wissen und Weisheit entkräften. Schon die Vorstellung von einer Hölle macht den Menschen Angst, ohne dass sie wirklich wissen, um was es sich dabei handelt. Jenseits aller düsteren Bilder ist die Hölle der emotionale Zustand einer Seele, die wie in einem Schockzustand oder in großer Wut gefangen ist und nicht daraus herausfindet. In diesem lähmenden Zustand fehlt die Liebe und damit auch die Möglichkeit zur Entwicklung. Solche Gefühle erleben wir auch in unserem Alltag und können uns somit auch hier eine Hölle auf Erden erschaffen. Jede Seele, hier im irdischen Leben wie auch im Jenseits, hat stets ihren freien Willen und kann sich für Wut und Angst oder für die Liebe entscheiden. So ziehen wir Menschen auf dieser Erde durch unsere Schwingung ähnlich denkende und fühlende Menschen an. Es sollte deshalb stets unser höchstes Ziel sein, uns zur Liebe hin zu entwickeln.

Die Zeit ist reif dafür, dass sich die Menschheit nicht nur an den religiösen Vorgaben orientiert, die oft aus der Absicht heraus entstanden sind, den Menschen zu verunsichern und abhängig zu machen, sondern dass sie die eigene Wahrheit des Herzens in sich begreift. Denn gerade heute brauchen die Menschen Geistesfreiheit und eigene innere Erlebnisse, um zu neuen Erkenntnissen zu kommen. Der Mensch von heute hat die Aufgabe, bewusst Verantwortung für seinen freien Willen und die Entscheidung für Angst oder Liebe zu übernehmen. Das Paradies ist bereits hier auf der Erde möglich, wir müssen uns dafür nur bereit machen.

Es gibt viele Menschen, die sich auf den spirituellen Weg machen, weil sie am Ziel ein Leben ohne Probleme erhoffen. Doch bei dieser Erwartungshaltung wird oft vergessen, dass der Mensch hier auf Erden in der Polarität lebt. Wenn er sich seiner Angst stellt, aus der seine Probleme entstehen, kann er sich konsequent zu einem Leben in Liebe entwickeln. Das irdische Leben ist niemals ein Zustand ohne Probleme, sondern ein Weg zur Lösung von Irritationen. Es geht darum, sich in allem wahrzunehmen und sich stets weiterzuentwickeln.

Hier kommt es vor allem auf den Umgang mit dem freien Willen an. Der Mensch kann zwar nicht immer beeinflussen, was auf ihn zukommt, denn das ist auch mit dem Schicksalsweg anderer Beteiligter verbunden. Jedoch kann er immer frei entscheiden, wie er damit umgeht: aus der inneren Reife der Liebe oder aus der Angst heraus.

Man sollte angesichts schwerer Lebensphasen nicht verzagen, sondern sich eher in das eigene Gottvertrauen zurückziehen und nachdenken. Ob das Urvertrauen in solchen Zeiten zerbricht oder nicht, hängt letztlich wieder von der individuellen Betrachtungsweise ab, vom freien Willen. Deshalb brauchen wir Gott und das Bewusstsein seiner Gegenwart, um zu wissen, dass in allem ein Sinn zu finden ist. Nur dann können wir begreifen, dass wir unser Leben nicht nur in den engen Grenzen des materiellen Daseins betrachten sollten.

Durch das spirituelle Bewusstsein hat der Mensch die Möglichkeit, eine geistige Wahrnehmungsfähigkeit zu entwickeln, mit der er seine Entwicklungsschritte im Leben gestalten kann. Auf diese Weise wird er eine individuelle

Persönlichkeit entwickeln, die mit Interesse und Begeisterung das Leben meistern und persönliche Antworten und Lösungen finden kann. Erst dann entfaltet er sein volles Potenzial.

Die neue Zeit und das sich im Erwachen befindende neue Bewusstsein ermöglichen eine grenzenlose Entfaltung.

Alles ist mit allem verbunden,
nur der intellektuelle Glaube trennt uns vom Ganzen.

3. Alles ist eins

Geburt des Kosmos

Jede Keimzelle, ob tierisch oder pflanzlich, trägt in sich den perfekten Plan für ihre Entwicklung. Dies bedeutet, es besteht ein kompletter Bauplan für Entwicklung, Wachstum, Funktion, Aussehen und Größe. Die Frage ist nun: Wenn wir an den Ursprung des Weltengeschehens zurückgehen, ging die Entstehung per Zufall, also ohne Plan, vonstatten, wie es uns atheistische Wissenschaftler gern glauben machen wollen, oder war hier bereits der komplette Plan für die Entstehung des Kosmos mit allen Elementen, Pflanzen und Wesenheiten vorhanden, nach denen sich das Universum im Laufe von Milliarden Jahren aufbaute und entwickelte? Dann entspräche es der Schöpfung Gottes.

Atheisten glauben, es explodierte etwas rein zufällig mit einer gigantischen Wucht. Dieser Big Bang ist die heute allgemein akzeptierte wissenschaftliche Meinung. Die Frage bleibt trotzdem: Gottesplan oder Zufall? Die perfekte Ordnung, nach der alles abläuft, spricht meines Erachtens eindeutig für eine Schöpfung. Ich habe bisher bei zufälligen, unkontrollierten Explosionen niemals Ordnung, sondern immer Chaos vorgefunden. Ich denke, es lohnt sich deshalb, auf die Geburt des Kosmos etwas näher einzugehen.

Viele Forscher sagen, dass sich Religion und Wissenschaft nicht ausschließen, sie zeigen lediglich verschiedene Perspektiven einer Wirklichkeit auf. Von dem Physiker Max Planck stammt folgendes Zitat: »Wohin und wie weit wir also blicken mögen, zwischen Religion und Naturwissenschaft finden wir nirgends einen Widerspruch, wohl aber gerade in den entscheidenden Punkten volle Übereinstimmung. Religion und Naturwissenschaft schließen sich nicht aus, wie heutzutage manche glauben und fürchten, sondern sie ergänzen und bedingen einander. Gott steht für den Gläubigen am Anfang, für den Physiker am Ende allen Denkens.«

Charles Darwin meinte: »Ich habe niemals die Existenz Gottes verneint. Ich glaube, dass die Entwicklungstheorie absolut versöhnlich ist mit dem Glauben an Gott. Die Unmöglichkeit des Beweisens und Begreifens, dass das großartige, über alle Maßen herrliche Weltall ebenso wie der Mensch zufällig geworden ist, scheint mir das Hauptargument für die Existenz Gottes.«

Carlos Rubbia, der frühere Leiter des CERN-Institutes bei Genf, sagte in einem Interview: »Als Forscher bin ich tief beeindruckt durch die Ordnung und Schönheit, die ich im Kosmos finde sowie im Innern der materiellen Dinge. Und als Beobachter der Natur kann ich den Gedanken nicht zurückweisen, dass hier eine höhere Ordnung der Dinge existiert. Es ist eine Intelligenz auf höherer Ebene vorgegeben, jenseits der Existenz des Universums selbst.«

Beschäftigen wir uns also zunächst einmal mit der wohl spannendsten Geschichte, die die Menschheit bewegt: der Entstehung der Welt.

In der Bibel, im ersten Buch Mose, der Genesis, wird die Schöpfung wie unten folgt beschrieben. Hierbei ist zu beachten, dass damals die Meinung herrschte, die Welt sei eine Scheibe und der Himmel spanne sich darüber auf.

1. Am Anfang schuf Gott Himmel und Erde.
2. Es war aber die Erde wüst und leer und Finsternis lag auf dem Ozean und der Geist Gottes schwebt über dem Gewässer.
3. Da sprach Gott: Es werde Licht! Und es ward Licht.
4. Und Gott sah, dass das Licht gut war, und Gott trennte das Licht von der Finsternis.
5. Gott nannte das Licht Tag, die Finsternis nannte er Nacht. Und es wurde Abend und es wurde Morgen, der erste Tag.
6. Da sprach Gott: Es werde eine Veste zwischen den Wassern, und dies sei eine Scheidewand zwischen den Wassern.
7. Da machte Gott die Veste und schied das Wasser unter der Veste von dem Wasser über der Veste.
8. Und Gott nannte die Veste Himmel. Und es wurde Abend und Morgen, der zweite Tag.
9. Und Gott sprach: Es sammle sich das Wasser unter dem Himmel an besonderen Orten, dass man das Trockene sehe. Und es geschah so.
10. Und Gott nannte das Trockene Erde, die Sammlung der Wasser aber nannte er Meer. Und Gott sah, dass es gut war.
11. Da sprach Gott: Es lasse die Erde aufgehen Gras und Kraut, das sich besame, und fruchtbare Bäume, dass ein jeglicher nach seiner Art Frucht trage und habe seinen eigenen Samen bei sich selbst auf Erden. Und es geschah so.
12. Da ließ die Erde junges Grün aufgehen, samentragende

Pflanzen je nach ihrer Art und Bäume, die Früchte trugen, in denen sich Samen von ihnen befand, je nach ihrer Art. Und Gott sah, dass es gut war.

13. Und es ward Abend und Morgen, der dritte Tag.

14. Und Gott sprach: Es sollen Leuchten entstehen an der Veste des Himmels, die da scheiden Tag und Nacht und geben Zeichen, Zeiten, Tage und Jahre.

15. Und sie sollen dienen als Lichter an der Veste des Himmels, um die Erde zu beleuchten. Und so geschah es.

16. Da machte Gott zwei große Leuchten. Ein großes Licht, damit es bei Tage die Herrschaft führe, und ein kleines Licht, damit es bei Nacht die Herrschaft führe, dazu die Sterne.

17. Und Gott setzte sie an die Veste des Himmels, damit sie schienen auf die Erde.

18. Und über den Tag und über die Nacht regierten und das Licht und die Finsternis voneinander schieden. Und Gott sah, dass es gut war.

19. Und es wurde Abend und es wurde Morgen, der vierte Tag.

20. Da sprach Gott: Es errege sich das Wasser mit webenden und lebendigen Tieren und Vögel sollen über die Erde hinfliegen an der Veste des Himmels.

21. Da schuf Gott die großen Seetiere und allerlei Getier, die sich herumtummeln, von denen das Wasser wimmelt, je nach ihrer Art. Und allerlei gefiedertes Gevögel, ein jegliches nach seiner Art. Und Gott sah, dass es gut war.

22. Und Gott segnete sie und sprach: Seid fruchtbar und mehrt euch und bevölkert das Wasser im Meer und das Gefieder mehre sich auf Erden.

23. Und es wurde Abend und es wurde Morgen, der fünfte Tag.

24. Und Gott sprach: Die Erde bringe hervor lebendige

Wesen, jedes nach seiner Art, Vieh und kriechende Tiere und wilde Tiere je nach ihrer Art. Und es geschah also.

25. Und Gott machte die Tiere auf Erden, ein jegliches nach seiner Art und das Vieh nach seiner Art und alle Tiere, die auf dem Boden kriechen, je nach ihrer Art. Und Gott sah, dass es gut war.

26. Und Gott sprach: Lasst uns Menschen machen nach einem Bild, das uns gleich sei, und sie sollen herrschen über die Fische im Meer und über die Vögel unter dem Himmel und über das Vieh, über die wilden Tiere und über die ganze Erde und über alles Gewürm, das auf Erden umherkriecht.

27. Und Gott schuf den Menschen nach seinem Bilde – zum Bilde Gottes schuf er ihn; als Mann und Weib schuf er sie.

28. Gott segnete sie und Gott sprach zu ihnen: Seid fruchtbar und mehrt euch und bevölkert die Erde und macht sie euch untertan und herrscht über die Fische im Meer und die Vögel unter dem Himmel und über alles Getier, das sich auf Erden tummelt.

29. Und Gott sprach: Seht da, ich habe euch gegeben allerlei Kraut, das sich besamt, auf der ganzen Erde und allerlei fruchtbare Bäume, die sich besamen, das sei eure Nahrung.

30. Und allen Tieren auf der Erde und allen Vögeln am Himmel und allem, was auf Erden kriecht, was da beseelt ist, bestimme ich alles Gras und Kraut zur Nahrung. Und es geschah so.

31. Und Gott sah alles an, was er gemacht hatte; und es war sehr gut. Und es wurde Abend und wurde Morgen, der sechste Tag.

So weit die biblische Vorstellung.

Die heute vorherrschende wissenschaftliche Meinung ist die Urknalltheorie. Aber auch sie basiert auf der Postulierung von Hypothesen, die niemals real beobachtet wurden. Sie ist auch nicht das einzige wissenschaftliche Modell der Entstehung des Universums. So gibt es auch andere Modelle, die von einem sich entwickelnden Universum ausgehen, das ohne Anfang und ohne Ende ist.

Was die Urknalltheorie betrifft, so führten die experimentellen und theoretischen Methoden die Kosmologen sehr nahe an die sogenannte Planck-Zeit, also 0,0000000000000000000000000000000000000000001 Sekunden (eine 0 mit 43 Stellen hinter dem Komma) an den Urknall heran. Bis zu diesem Zeitpunkt nach dem Urknall gelten die bekannten physikalischen Gesetze. Jenseits dieser Grenze liegt aber ein bislang unerforschtes Reich, also Ungewissheit. So bleibt die Frage bestehen: Was geschah in dem Augenblick, in dem unser Universum geboren wurde? Die meisten Astrophysiker halten es für unmöglich, bis an den Urknall heranzugelangen, das heißt, es gibt, zumindest bis jetzt, keine Möglichkeiten, den Moment der Schöpfung zu untersuchen. Die tatsächliche Entstehung bleibt damit als Rätsel bestehen und wird wohl für alle Zeiten nur über Gott gelöst werden können.

Betrachtet man nun das Weltengeschehen anhand dieser Urknalltheorie, so entstand die Welt vor 13,7 Milliarden Jahren durch eine Explosion eines unvorstellbar kleinen Punktes, viel kleiner als ein Atomkern und mit einer unvorstellbar hohen Dichte und extremster Hitze und der Ausdehnung in Überlichtgeschwindigkeit. Die Energie verwandelte sich bereits innerhalb der ersten Sekunde in Elementarteilchen wie Elektronen, Protonen und Neutronen; sofort danach entstanden die ersten Atomkerne. Die Mehrzahl der Wissenschaftler ist der Meinung, dass der Urknall ein absoluter Nullpunkt ist und die Geburt des

Kosmos war; die Entstehung von Raum und Zeit aus dem Nichts. Neueren Theorien zufolge könnte der Urknall auch lediglich ein Durchgangsstadium von einem Universum in ein anderes Universum gewesen sein. Vielleicht war aber auch alles ganz anders.

Irgendwie ist die Welt jedenfalls entstanden, und den genauen Vorgang und den genauen Plan kennt wohl nur Gott.

Die moderne Physik beweist uns, dass das, was wir als Materie bezeichnen, letztendlich aus Nichtmaterie aufgebaut ist. Wer die sichtbare Welt für etwas Absolutes hält, geht somit weit an der Wirklichkeit vorbei.

Alles ist Energie

Wie findet aber nun alles Materielle, letztendlich auch wir Menschen, zu seiner Form, wenn alles nur aus Energie besteht? Dies kann nur funktionieren, da alles beseelt ist und hinter allem ein Geist steht. Die himmlischen Wesenheiten führen sie in die Form und bringen die Natur dazu, sich in all den wunderbaren Farben, Formen und in üppiger Fülle zum Ausdruck zu bringen. Ohne diese geistige Beseelung könnte die sichtbare Materie nicht bestehen, denn nicht die vergängliche Materie ist die Realität, sondern der unsterbliche, nicht sichtbare Geist in allem. Geist wiederum könnte allein nicht existieren, sondern muss einem Wesen angehören, und dieses Geistwesen kann auch nicht aus sich selbst existieren, sondern braucht wiederum einen Schöpfer, nämlich Gott. So ist es letztendlich der Geist Gottes, der alles durchdringt.

Nach dieser gigantischen Schöpfungsleistung verwandelte sich die Energie gleich zu Anfang in Elementarteilchen. Es sind hier tatsächlich die Elektronen, die uns besonders interessieren, da sie die geisttragenden Teilchen sind. Sie sind quasi mit Gedankenenergien geladen. Wir Menschen sind über unsere Elektronen und Lichtteilchen, die eine riesige Informationsspeicherkapazität besitzen, grundsätzlich stets mit allem geistigen Wissen verbunden, doch um daraus Nutzen zu ziehen, müssen wir die geistige Anbindung herstellen.

Alle stoffliche Materie, auch unser Körper, besteht im Grunde aus Nichtstoff, also aus Energie. Dies bedeutet, die gesamte Materie strukturiert sich aus Energie und Information. Wir bestehen, wie alle Materie, aus verdichteter Energie. Teilchen verlassen uns ständig, und andere treten in unseren Verbund ein. Wohin sie genau gehen und woher sie genau kommen, weiß niemand außer Gott. Es erklärt aber, warum alles zusammenhängt und wir alle mit allem verbunden sind. Es kommt somit unbewusst zu einem ständigen Energie- und Wissensaustausch. Hierüber lässt sich auch die Hellsichtigkeit und Telepathie erklären. Die uns umgebende Energie ist in Form der Aura um unseren Körper herum noch sehr dicht und wird mit zunehmendem Abstand zu uns immer mehr ausgedünnt, ohne jemals an ein Ende zu gelangen. Jedes Elektron weiß vom Zustand eines jeden anderen Elektrons, so wie auch jedes Lichtteilchen von der Existenz anderer Lichtteilchen weiß, und jedes scheint auch zu wissen, was die anderen gerade tun. Sie stehen miteinander in Kontakt.

Hier findet auch die Wissensdimension des irdischen Wissens, das von Rupert Sheldrake als »morphisches Feld« beschrieben wird, seinen Platz. Er erklärt dabei, wie zum Beispiel das Wissen durchgemachter Lernprozesse einer Tierspezies auf andere Tiere der gleichen Spezies übertragen wird, völlig unabhängig von der geographischen Entfernung. Man kann sagen, das Wissen geht um die Welt. Hieraus erklärt sich auch, dass zeitnah an verschiedenen

Orten gleiche Ideen oder Erfindungen auftauchen können. Alles Wissen, das jemals gedacht wurde, ist als Information abgespeichert und für jeden (!) abrufbar, und große und wichtige Neuerungen teilen sich darüber stets allen Menschen mit.

Jeder von uns ist ein Teil des Ganzen, und jeder von uns kann sich in das große Wissen einklinken. Der Zugangscode ist die meditative Ruhe in uns. Ein friedvoller Zustand fördert, und aktives Denken hindert den Prozess. Man sieht nur mit dem Herzen gut.

Das Universum besitzt grenzenlose Energie,
aber wir müssen damit in Resonanz kommen.

4. Der Kosmos ist voller Fülle

Reichtum und Selbstwertgefühl

Die Vorstellung von der Fülle des Universums lässt uns zunächst an einen inneren und einen äußeren Reichtum denken. Reichtum, ein Wort, das uns alle berührt. Doch was bedeutet es, wirklich reich zu sein? Sind es materielle Güter, die uns glücklich machen, oder innere Werte, die uns im Leben Erfüllung schenken? Reich sein kann jeder Mensch, er muss aber seinen eigenen Weg finden, der zum wahren Reichtum führt und der ganz individuell gestaltet sein kann. Mahatma Gandhi sagte einst: »Der wahre Reichtum eines Menschen ist das, was er anderen Gutes getan hat!« Für den großen Gelehrten und geistigen Führer einer Unabhängigkeitsbewegung waren Nächstenliebe, Wahrheit, Gewaltfreiheit und Selbstbestimmung die wahren Reichtümer auf Erden.

Das Wort »reich« stammt aus dem Germanischen und bedeutet so viel wie »mächtig«, also Macht haben. Aber Macht haben über was? Wir selbst müssen unsere eigene Bedeutung des Reichtums finden. Bei den großen Reichen kennen wir das Himmelreich und das Königreich, und genau diese beiden Wortkombinationen machen den Unterschied deutlich. Könige haben die Macht auf Erden, sie herrschen über ihre Untertanen. Das Himmelreich symbolisiert den Reichtum an geistigen Werten, an Glauben, Liebe und Seelenkräften. Das tiefe Gefühl auf Erden, gebraucht, geschätzt und geliebt zu werden, macht tief im Innern glücklich, schenkt inneren Reichtum, wie ihn kein Gut und Geld der Welt geben kann.

Reichtum bedeutet auch, andere am eigenen Glück teilhaben zu lassen, denn Liebe und Freude ist das Einzige, was sich vermehrt, wenn man es teilt. Das heißt, es geht hierbei um die emotionale Fülle, die wir in einem liebevollen Herzen erleben. Denn auf der allerhöchsten Ebene des menschlichen Seins bedeutet Reichtum tiefen Frieden mit sich und anderen Menschen, mit Gott, mit Tieren, Pflanzen, mit der Erde und dem Universum und eben auch, dies zu teilen. Daran ist erkennbar, wie Reichtum hohes soziales Verhalten mit Blick auf andere Menschen abverlangt. Wirklicher Reichtum ist somit keine Eintrittskarte für übersteigerten Egoismus, es ist vielmehr die Aufforderung für soziales Engagement und das Öffnen des Herzens für Belange des Lebens. Hieraus lassen sich die wesentlichsten Gesetze des Reichtums erkennen: »Tue Gutes und du wirst reich beschenkt werden!« Geistiger Reichtum ist das Wahre, Geld ein Mittel zum Zweck.

Reinigen Sie Ihren Geist und Ihre Gefühlswelt, dann stehen Sie in Kontakt mit der geistigen Welt und werden den Himmel auf Erden erleben. Meditation, Gebete und positives, liebevolles Denken sorgen für einen klaren Geist und eröffnen uns einen direkten Kontakt zu unserem Seelenplan und unserer geistigen Führung. Wichtig ist es dabei, den Blick stets nach vorn zu richten und die eigenen Ziele klar zu formulieren. Nur so können wir aus der geistigen Welt Unterstützung erhalten. Die innere Einstellung wirkt wie ein Magnet. Formulieren Sie klar und deutlich Ihre Herzensziele im Leben, und achten Sie darauf, dass Sie anderen damit nicht schaden, das heißt, dass Sie in reiner Absicht sind.

Umgang mit Geld

Reichtum wird auch mit Geld assoziiert. Viele haben ein Problem damit, mit Geld umzugehen. Aber Geld ist weder schmutzig noch schädlich für unsere Entwicklung im Leben. Ganz im Gegenteil: Geld kann, wenn wir richtig damit umgehen, der Schlüssel zur Erfüllung von idealistischen Wünschen sein. Geld ist ein Tauschmittel, und wenn es nicht für schädliche Dinge gebraucht wird, ein nützlicher Begleiter im Leben. Geld allein kann nicht glücklich machen, aber es kann ein Helfer sein beim Glücklichwerden, wenn wir es richtig einsetzen. Der Umgang mit Geld hat auch einen spirituellen Hintergrund. Alle Investitionen, die man mit Freude und unverkrampft vollzieht, kommen als Erlöse vermehrt zu einem zurück. Somit ist der Wohlstand mit der richtigen Einstellung nachvollziehbar.

Reichtum und innere Fülle haben viele Seiten, und jeder muss seinen Weg finden. Eines sollte jedoch jedem klar sein: Nur wer innerlich reich ist, dem kann der materielle Reichtum auch zum Glück gereichen. Aber es braucht kein Geld der Welt, um die Seele mit Zufriedenheit, Glück und Gesundheit zu bereichern, sonst wären alle Millionäre glückliche Menschen. Wählen Sie eine positive Lebenshaltung und konzentrieren Sie sich auf den Reichtum in Ihrem Herzen. Und betrachten Sie das, was im Außen ist, mit Zufriedenheit und Dankbarkeit. Jeder Gedanke, jedes Wort ist Energie, und jeder Mensch spielt seine eigene Melodie und erschafft seine eigene Schwingung und sein eigenes Lernumfeld. Somit hängt innerer Reichtum mit innerer Leichtigkeit, also mit Freude und Dankbarkeit zusammen. Im wahren Wohlstand zu leben ist nichts anderes als ein Teil unseres Seinsauftrags, der da lautet: »Sei du selbst.« Der Wert eines Menschen wird nicht davon bestimmt, was er hat und was er ist, sondern wer er ist. Stärken Sie Ihr inneres Potenzial. Nur wer seine eigenen Kräfte erkennt, kann sie richtig einsetzen. Entscheidend ist, dass wir uns treu bleiben, die inneren Werte achten und fördern, und wenn dann noch der Wunsch nach einem materiell sorgenfreien Leben besteht, ist der seelische Boden für die Ernte bestellt.

Finanzieller Erfolg hat sehr viel mit innerer Haltung und einem gesunden Selbstwertgefühl zu tun. Psychologisch gesehen spielt die Erziehung dabei eine nicht zu unterschätzende Rolle. Viele Irritationen, besonders aus der Kindheit, ziehen Unsicherheiten und Selbstzweifel an, Unsicherheiten im Umgang mit uns selbst und mit anderen. Abhängigkeiten und Entscheidungsschwierigkeiten sind die Folge.

Wir alle kennen Sprüche wie: Geld verdirbt den Charakter, Geld ist etwas Schmutziges, Geld ist die Wurzel allen Übels, man kann nicht spirituell sein und gleichzeitig viel Geld verdienen, Geld ist nie genügend vorhanden.

Wenn der Mensch es sich nicht wert ist, sich schön, liebenswert, wichtig, stark, reich und angesehen zu fühlen, so wird seine innere Ablehnung auch die äußere nach sich ziehen. Wenn er sich nicht achtet, wird er auch im Außen keine Beachtung erfahren, und letztendlich wird es so sein, dass wenn er sich selbst nicht auf den »Thron« stellen kann, es auch niemand anders für ihn tun kann. Nicht einmal die Engel können dann eingreifen und helfen, denn dann können auch die schönsten Gebete nichts nützen.

Der Volksmund kennt das altbekannte Sprichwort: »Lieber gesund und arm als reich und krank.« Ich meine: »Lieber gesund und reich als arm und krank.«

Doch vergessen wir nicht: Alles, was anerzogen wurde, kann von uns selbst auch wieder aberzogen werden. Es kann die eigene reale Identität gefunden und mit großer Erkenntnis, Weisheit, Erfolg und Mitgefühl in uns belohnt werden! Alle vergangenen Erfahrungen sind auch immer für etwas Gutes da. Es liegt an uns, durch unsere Selbsterkenntnis allem auch nachträglich einen lichtvollen Sinn zu geben. Denn ohne Vergangenheit keine Zukunft! Es sollte immer um Verständnis für sich und für andere gehen und niemals um Schuldzuweisungen. Denn jegliche Schuldzuweisung kann ein Mangel an Eigenverantwortung bedeuten und uns somit das lichtvolle, spirituelle Ziel verfehlen lassen. Es geht immer um Frieden und liebevolle Verbundenheit mit sich und seinen Mitmenschen. Es geht nicht darum, besser oder schlechter als andere zu sein, sondern darum, zu begreifen, dass jeder einfach nur anders ist.

Bedenken wir bei all den Erkenntnissen über Erfolg und Freiheit: Wenn eine Person dem Geld und Besitz gegenüber abgeneigt ist und diese bei anderen Menschen verurteilt, kann dies ein Zeichen seines vom Mangel geprägten Weltbilds und seines Neids sein. Dieser Mensch ist angesichts der Unabhängigkeit des anderen neidisch, er kann sich nicht über dessen Erfolg freuen und es ihm nicht gönnen. Solch ablehnend denkende und fühlende Menschen können keinen Erfolg anziehen. Denn wenn man anderen ihren Erfolg, ihren Lebensstil und ihre finanzielle Sorgenlosigkeit nicht gönnen kann, wird man diesen selbst nie gleichen und sich dieses im eigenen Leben, natürlich unbewusst, auch niemals erlauben, denn der Glaube an den Mangel hat seinen Ursprung im mangelnden Selbstwertgefühl und entspricht letztendlich einem falschen Ego. Somit ist der tiefsitzende Glaube an den Mangel größer als an die Fülle. Selbst wenn solche Menschen zum Beispiel durch einen Lottogewinn plötzlich zu Geld kommen würden, könnten sie damit nicht würdevoll umgehen, sie würden das Geld nicht halten können, weil sie einen inneren Konflikt damit hätten. Es wird ihnen genauso schnell davonfließen, wie es gekommen ist.

Es ist wichtig, mit finanziellem Reichtum auf eine faire und würdevolle Art und Weise und in mentaler Ruhe umzugehen. Dafür bedarf es einer selbstbewussten Persönlichkeit mit gesundem Ego und großzügigem Herzen. Dann verbindet sich die emotionale Bewusstheit mit klarer Intelligenz und führt zum erfolgreichen, langfristigen und allen nützlichen Handeln. Der Gesellschaft dienen, etwas liebevoll zurückgeben und selbst als Vorbild fungieren ist wichtig für alle Menschen auf der Welt. Der Mensch sollte ein starkes Selbstbewusstsein und einen Sinn für Verantwortung haben, dann kann jeglicher Reichtum dazu verhelfen, eine bessere Welt zu erschaffen. Liebevolle und erfolgreiche Herzenseigenschaften transformieren die Welt.

Deshalb sollte jeder von uns und immer wieder im Laufe des Tages auf die Reinheit seiner Gedanken, Gefühle und Handlungen achten. Beobachten Sie dabei, was Sie über die anderen Menschen tief im Verborgenen wirklich denken. So können Sie nämlich sehr deutlich erfahren, was Sie in Wirklichkeit über sich denken. Welchen Glauben vertreten Sie tatsächlich, bewusst wie auch unbewusst: einen positiven Glauben, einen Glauben an das Gute und die Fülle, oder einen negativen, an den Mangel? Lächeln Sie das Leben, sich selbst und Ihre Mitmenschen innerlich in Liebe und aus tiefstem Herzen an und freuen Sie sich für sich sowie für andere, denn wir sitzen alle in einem Boot. So werden Sie »das Lächeln« der Welt und das Ihrer Mitmenschen in einem anderen Glanz erfahren und annehmen können, denn alles ist ein Spiegelbild Ihres eigenen Selbst.

Stehen Sie lichtvoll im Kosmos, in liebevoller, kreativer und erfolgreicher Resonanz, dann werden Sie in der Lage sein, die Chancen, die sich Ihnen aus der kosmischen Fülle bieten, zu erkennen, zu ergreifen und sie umzusetzen. Ihr gesundes und erstarktes Selbstwertgefühl wird sich auch auf das Umfeld, vor allem auf Ihre Familie und Ihre Kinder, auswirken. Letztere können so zu einem starken Rüstzeug für ein eigenständiges, erfolgreiches Leben gelangen.

Unsere Eltern sind nicht schuld

Vor allem sollten wir nicht den Fehler machen, unsere Eltern und unsere Erziehung für unseren Lebensverlauf verantwortlich zu machen, da wir uns sonst automatisch zu Opfern degradieren. Wir dürfen nicht vergessen, dass unsere Eltern auch nur Kinder ihrer Generation und des zur damaligen Zeit vorherrschenden Weltbildes sind und dass wir an ihrer Stelle wahrscheinlich auch nicht viel anders hätten handeln können. Unsere Eltern haben uns geliebt, auch wenn sie es vielleicht nicht so ausdrücken konnten, wie wir es gerne gehabt oder benötigt hätten, und sie haben für uns sicherlich viel mehr Gutes getan als Negatives. Doch das Gute war für uns selbstverständlich und das

»Schlechte« war prägender, daran erinnern wir uns auch heute noch. Es gibt keine perfekten Eltern, aber alle haben unser Überleben gesichert. Unsere Eltern haben uns das gegeben, was sie geben konnten. Jetzt können wir selbst für uns, unser Leben und Überleben sorgen, wir können die Verantwortung für uns selbst übernehmen und ebenso die Liebe und Anerkennung, die wir alle so dringend brauchen. Wir können uns all das selbst geben durch unsere göttliche Anbindung und spirituelle Lebensphilosophie. Wir sollten den Grundsatz verinnerlichen: Keiner schuldet uns etwas, so wie auch wir keinem etwas schulden, auch nicht unseren Eltern. Begreifen Sie sich als einen starken, unabhängigen Menschen mit großem Urvertrauen in Gott und die Schöpfung, dann können Sie auch allen anderen ohne falsche und sich sowieso niemals erfüllende Erwartung begegnen. Und alle Beziehungen werden auf der überbewussten und der unterbewussten wie auch auf der bewussten Ebene lichtvoll verlaufen, und falls nötig können sie heilen und sich neu gestalten. Der Himmel Gottes ist unsere wirkliche Heimat, also betrachten wir auch das Leben als lichtvoll, erfüllt und himmlisch. In göttlicher Anbindung können wir uns selbst, unseren Eltern, unseren Kindern und unseren Mitmenschen aufrichtig und ebenbürtig in Liebe begegnen.

Nehmen Sie Ihr Leben in die Hand

Dann wird wahre und befreiende Selbsterkenntnis möglich. Erst wenn wir alles zusammenhängend, synchron und sinnerfüllend betrachten können, sind wir in der Lage, alles zu verstehen. Können wir unsere Fesseln sprengen, so ist Vergebung möglich. Jetzt erwacht ein wachsendes Vertrauen in alles Sein sowie der Mut, die Dinge aus einem anderen Blickwinkel zu betrachten und mit neuen, gesunden Verhaltensweisen anzugehen. Im neuen Handeln findet erst das Loslassen des Vergangenen statt, und die Liebe kann wachsen und wachsen. Das Leben bietet uns ein perfektes Lernumfeld, und wir sind unser eigener Meister! Es geht immer um die Versöhnung mit uns selbst, die in unser Unterbewusstsein hineinreicht, dann kann auch auf oft wundersame Weise die Versöhnung mit allem anderen ganz von allein eintreten. Es liegt immer an uns, was wir aus dem, was wir haben, und aus dem, was wir sind, machen. Nutzen Sie täglich die spirituelle Praxis der Meditation und der Stille, der Segnungen Ihrer Mitmenschen und ihrer Anliegen, Gebete für ihr Weiterkommen und für die Vergebung in ihnen und ihrem Leben. Gehen Sie aufgerichtet und voller Mitgefühl durch das Leben, denn Sie sind als himmlisches Wesen, so wie Sie sind, vollkommen und in großer Fülle. Glauben Sie an sich und erkennen Sie das große Schöpfungspotenzial, das Ihnen zur Verfügung steht. Es liegt an Ihnen, das zu erschaffen, was Sie wollen. Fülle, Fluss oder gar Überfluss sollten für Sie ein natürlicher Zustand sein, dann können Sie in Kreativität und einem glücklichen Zustand von Reichtum und Frieden sein.

Nutzen Sie das geistige Wissen, wo kein Gedanke, keine Erfahrung, keine erlebte Emotion jemals verlorengeht. Alle durchlebten Glücksgefühle, Erfolg, Stärke, Mut, aber auch Schwäche, Angst, Misserfolg usw., sind abgelegt und als Energie in uns und im Kosmos vorhanden. Da wir mit allem verbunden sind, ist es auch wichtig, dass wir achtsam unsere Gedanken kontrollieren, um somit selektieren zu können, mit welchen Eigenschaften und Tugenden wir täglich in Resonanz treten, um sie in unser Leben einfließen zu lassen. Wir sollten darauf achten, dass wir immer mit positivem Gedankengut erfüllt sind und nicht mit negativen, hilflosen und schwächenden Emotionen, wir geraten sonst mit allen negativen Schwingungen in Resonanz und schwächen uns immens. Investieren Sie Ihre Energie in die Stärkung Ihrer positiven Gedanken, und verschwenden Sie aber keine, um die negativen zu bekämpfen. Ärger, Angst und Traurigkeit sind Gefühle, die wir alle nicht anstreben, und wenn wir sie verspüren, dann verwenden wir für gewöhnlich viel Kraft und Zeit darauf, gegen diese negativen Gefühle anzukämpfen. Indem wir uns aber intensiv mit ihnen beschäftigen, geben wir Energie in sie und tragen dazu bei, sie zu erhalten. Viel hilfreicher ist es, wenn Sie diese Gefühle für den Augenblick akzeptieren mit der sicheren Gewissheit, dass sie vorübergehen werden und das Licht für Sie bald wieder scheinen wird.

Denken Sie darüber nach, welche glückliche Emotionen Sie gerne spüren möchten und worauf Sie freudige Gedanken richten können, damit es Ihnen bessergeht. Glück muss nicht bedeuten, dass immer alles perfekt sein muss, sondern dass Sie auch das Unvollkommene akzeptieren können. Lieben Sie das Leben und suchen Sie vermehrt Freude und Leichtigkeit darin, seien Sie dankbar, stärken Sie Ihre Selbstachtung, pflegen Sie Ihre Beziehungen, bewegen Sie sich jeden Tag, seien Sie offen für Neues, leben Sie selbstbestimmt, tun Sie, was Sie für wichtig und richtig halten und sehen Sie sich als Ihres Glückes Schmied. Trainieren Sie eine optimistische Sichtweise, indem Sie das, was Sie alles besitzen, schätzen und genießen, anstatt darüber zu grübeln, was Ihnen zum scheinbaren Glück fehlt.

Die meisten von uns sehnen sich danach, sich unbeschwert und glücklich zu fühlen, und einen Weg, diesen Zustand zu erreichen, sehen Sie darin, nach immer mehr zu streben und laufen somit dem Glück hinterher. Das ständige Streben nach mehr, größer und besser führt zu Rastlosigkeit und Unzufriedenheit. Haben wir eine vermeintliche Lücke gefüllt, tut sich bereits die nächste auf, die wir dann glauben, füllen zu müssen. Befreien wir uns aus diesem Hamsterrad. Die Kunst, ein erfülltes Leben zu führen, besteht darin, das zu sehen, zu schätzen und zu genießen, was man bereits hat, und sich so zu sehen und zu lieben, wie man ist. Leben Sie nach folgender Weisheit: »Wenn ich ein Problem habe, so werde ich es ändern, und wenn ich es nicht ändern kann, dann sollte ich kein Problem daraus machen.« Möge hierbei die Liebe Ihr Berater sein!

Der Kosmos ist voller Fülle, es ist alles vorhanden. Wir dürfen aus dieser Fülle unser Leben gestalten und uns wünschen, was unseren reinen Vorstellungen entspricht, solange unser Wunsch keinem anderen Menschen zum Schaden gereicht, wir also niemandem etwas wegnehmen.

Finanzielle Fülle als Symbol für Urvertrauen

Betrachten wir nochmals die finanzielle oder materielle Fülle. Die finanzielle Lage spiegelt auch die Fähigkeit wider, sich im Leben durchsetzen zu können und den eigenen stimmigen Lebensweg zu gehen. Dies hat immer mit gesundem Selbstwertgefühl und der Wertschätzung des eigenen Zeit- und Arbeitsaufwandes zu tun. Dabei ist es wichtig, falls ein Mangel vorhanden sein sollte, diesen gedanklich zu hinterfragen, denn Geld gehört als Tauschmittel in unserer Kultur zur Lebenswahrnehmung und Sicherung dazu. Stimmen Motivation und Vertrauen im Innen, so fließt es auch im Außen. Dabei sollte die finanzielle Fülle, die letztendlich ja auch das Urvertrauen in die geistige Führung widerspiegelt, eine Selbstverständlichkeit sein. Denn aus ständiger Existenzangst heraus, die alles einengt und blockiert, kann nichts gedeihen.

Sollten diesbezügliche Blockaden vorhanden sein, so kann das folgende Gebet hilfreich sein.

> Sprechen Sie drei Wochen lang dreimal täglich, morgens, mittags und abends:
>
> »Liebe lichtvolle geistige Welt, liebe Engel, ich bitte um Segen für mein Leben und meine Sicherheit. Ich weiß, dass ich für mich und meine Belange einstehen kann. Im Vertrauen lasse ich meine innere Enge, Ängste und Zweifel los und schaue voller Zuversicht in ein bereicherndes und erfülltes Leben. Ich bitte um Hilfe und Führung. Amen.«

Dadurch kann es gelingen, die inneren Blockaden zu erkennen, um sie schließlich loszulassen oder zu verwandeln, indem Sie immer mehr aus der Resonanz heraustreten. Haben Sie Geduld und vor allem Vertrauen. Stellen Sie sich in jedem Augenblick Ihres Lebens ganz selbstverständlich bildhaft vor, wie es Ihnen dauerhaft gutgeht und wie Sie das Leben souverän, in Sicherheit meistern.

Das, was Sie heute mit überzeugtem Herzen fest glauben, kann schon morgen eintreten. Aktivieren Sie die positive Kraft Ihres Unterbewusstseins. Denken Sie an den weisen Spruch »Euch geschehe nach eurem Glauben«.

Erst wenn der tiefe Sinn der Spiritualität hinter allem wirklich verstanden wird, ist sie anwendbar und in den Alltag integrierbar, auf dass sie uns zum Segen gereiche. Der Sinn ist das erfüllende Erleben im Alltag und nicht die Flucht vor dem Alltag. Zum Alltag gehört auch das erfolgreiche Ausüben des Berufs. Wenn Sie Ihre ausgeübte Tätigkeit nicht so recht befriedigen sollte, dann sollten Sie zunächst in Ihren Gedanken nicht in einen »Traumberuf« flüchten, sondern sich zuerst fragen: Welche inneren Eigenschaften kann ich in meinem momentanen Berufsalltag entwickeln? Welchen lichtvollen Sinn kann ich darin finden, und was kann ich daraus lernen? Wenn Sie diesen Akt friedvoll verinnerlicht haben, werden Sie immer deutlicher spüren, was Sie sich eigentlich aus tiefster Seele wirklich wünschen und was Sie auch wirklich wollen. Dann können die beruflichen Begebenheiten sich lichtvoll dahingehend verändern, wie es für Sie sinnvoll ist und wie es Ihren Vorstellungen entspricht. Spiritualität, richtig gelebt, bringt eine innere Erkenntnis ins Außen.

Wir sollten auch immer akzeptieren, dass hinter jeder Berufsausübung ein tieferer Sinn zu finden ist. Solange wir dabei etwas lernen, so lange ist dieser Beruf auch aus der geistigen Sicht stimmig. Wenn wir darüber hinausgewachsen und in unserer Persönlichkeit reif für eine neue Verantwortung sind, kann das stimmige Neue uns dann lichtvoll begegnen, wir müssen dies nur innerlich, vor allem auch unterbewusst, zulassen können.

Immer wenn auf dem Lebensweg etwas nicht funktioniert, wenn es zäh oder unbefriedigend verläuft oder gar körperliche Beschwerden sich einstellen, ist es der Ruf der Seele zur Veränderung und zur Korrektur, der ernst genommen werden sollte. Dann sollten Sie sich zurücknehmen, den Kopf frei machen vom bisherigen, meist tief eingefahrenen Gedankengut und von den eingefahrenen Intellektmustern, um den Sinn hinter allem zu erkennen. So können Sie den eigenen Lebensweg wie auch den beruflichen Werdegang lichtvoll beeinflussen und nach Ihren Fähigkeiten hin korrigieren. Der tiefe innere Glaube und die geistige Welt werden Ihnen dabei helfen, wenn Sie es selbst zulassen. Dann sind vermeintliche Hindernisse oft nicht einfach nur negativ, sondern Wegweisungen. Es sollte für jeden Menschen selbstverständlich sein, täglich die Achtsamkeit im Alltag zu trainieren, um die Kraft der Gegenwart, des Augenblicks zu erkennen und das Sosein zu akzeptieren. Dahinter verbirgt sich viel Licht, Lebendigkeit, Frieden und Freude des Seins.

Dies lässt sich entwickeln, zum Beispiel durch die Tagesrückschau, also Selbstreflexion, auf die Verrichtungen bezogene Segnungen und Gebete, Meditation, die die Stille ermöglicht und Sie befähigt, die innere Führung und die geistigen Impulse wahrzunehmen.

Durch diese Erlebnisse und Erkenntnisse wird eigenständiges, heilsames, spirituelles und erfolgreiches Handeln, im privaten wie auch im beruflichen Bereich, möglich. Jeder Gedanke ist mitverantwortlich für das künftige Schicksal.

Die lichtvolle geistige Welt kann so richtungsweisende Impulse geben und Ihnen Ihre Fähigkeiten und Möglichkeiten zum heutigen Zeitpunkt aufzeigen. Wie lange es letztendlich aber dauert, um ein Ziel zu erreichen oder um ein Ziel überhaupt zu erkennen, kann nur der Mensch selbst, bewusst oder unbewusst, entscheiden.

Mit tiefem Gottvertrauen können wir für unsere Gegenwart immer mehr Sicherheit und Verständnis entwickeln sowie uns geduldig und zielstrebig in die Zukunft orientieren.

Die Akasha-Chronik

Das Geheimnis des inneren Wissens bedarf von jedem Menschen Erkenntnisse über seine individuelle Persönlichkeit und über sein individuelles Leben. Die Kraft der Erkenntnis steht jedem über seinen ruhigen Geist zur Verfügung. Sie ist eine geistige Fähigkeit, die Lebensvorgänge mit klarem Verstand zu erfassen und geistige Antworten zu erkennen. Im Leben geht es um die Erkenntnis, den

Stand der Dinge zu begreifen, den »Ist-Zustand« zu akzeptieren, sich bewusst zu machen, wenn eine alte Sache vorüber ist, in der Gegenwart zu sein und den Blick auf neue Ziele zu richten und sich stets vorwärtszubewegen. Ein solches Bewusstsein ermöglicht, die Antworten auf die drängendsten Lebensfragen in sich zu erhalten und somit für sein Leben die richtigen Entscheidungen treffen zu können sowie darin die geistige Führung zu erkennen.

Dessen sollte sich der Mensch bewusst werden. Er sollte nicht in hoffnungslosen und angstgeprägten Emotionen verharren, sondern das emotionale Herz und das tägliche Bewusstsein immer weiter der Liebe öffnen. Eine liebevolle, emotionale, seelische Entwicklung prägt das gegenwärtige Leben und die Zukunft. Kein positiver Gedanke, kein Gefühl und keine Handlung sind jemals unnötig, sondern wirken auch in der fernen Zukunft in die Ereignisse hinein, immer dann, wenn man es gebrauchen wird. Eine solche tiefe innere Einstellung hilft, den lichtvollen Sinn in allem, auch nachträglich, zu erkennen und die Weisheit in alles Tun einfließen zu lassen. Aus dieser Kraft heraus kann sich Erfolg entfalten, nämlich dann, wenn Seele und Geist im Einklang sind und der Mensch sich in der geistigen Anbindung befindet.

Mit der geistigen Anbindung ist die Verbindung mit dem himmlischen Zentralcomputer, der sogenannten Akasha-Chronik gemeint. Bei der Akasha-Chronik handelt es sich um eine überdimensionale himmlische Sphäre, die unter anderem auch »Gottes Bibliothek« genannt wird. Ein »Buch des Lebens«, das ein allumfassendes Weltgedächtnis enthält. Die Schwingung entspricht der Schwingung des Geistes, durch die der Mensch stets damit verbunden ist. Daraus kann ein Mensch durch seine innere Besinnung hohes Wissen empfangen. Es handelt sich hier um eine Art »kosmischen Zentralcomputer« der überbewussten Weisheit, der das Urwissen des Universums, das Allwissen Gottes und alle jemals auf Erden gemachten Erfahrungen beinhaltet. In diesem übersinnlichen »Buch des Lebens«, mit seinem allumfassenden Weltgedächtnis, ist auch unser Seelenplan angelegt und unser Geist oder unser Höheres Selbst ist ursprünglich dort beheimatet.

Wir halten im Diesseits auf der überbewussten Ebene damit die Verbindung, so dass diese Dimension uns auch im täglichen Leben zur Verfügung steht. Der Geist eines jeden Menschen geht nach dem körperlichen Ableben wieder in die Akasha-Chronik ein, um alle bisher gemachten Erfahrungen als eigenes Karma abzuspeichern. Daher wird die Fülle dieser Informationen auch Gottes Bibliothek genannt. Der Mensch bleibt auch im irdischen Leben durch seinen vorhandenen Geist, also durch seine geistige Anbindung, stets mit der Akasha-Chronik verbunden und kann daraus großartige Informationen als eine Art inneres Wissen in Form von Einfällen oder Geistesblitzen abrufen. Es steht uns also intuitiv das Wissen der Vergangenheit, der Gegenwart wie auch der Zukunft zur Verfügung, wenn wir uns ihm öffnen. Und dieses Wissen vergrößert sich mit jeder Inkarnation, so dass unser Bewusstsein sich stets erweitern darf.

In der Akasha-Chronik gibt es unzählige spezielle Schwingungen, das heißt unterschiedliche Bereiche des geistigen Wissens. Das kosmische Wissen ist unendlich, kein Mensch wird jemals in der Lage sein, Gott, den Himmel und die Schöpfung in ihrer Ganzheit zu erfassen. Somit steht jedem nur das Wissen zur Verfügung, mit dem er in Resonanz kommt. So kann zum Beispiel ein Musiker mit der Energie und Inspiration des »Musik-Himmels« verbunden sein, ein Heiler etwa mit der Energie des »Heiler-Himmels«. Alle können daraus zu einer wunderbaren Unterstützung gelangen. Theoretisch ist auch das Abfragen des Karmas, des

Lebenssinns und der Zukunft über die Akasha-Chronik möglich, jedoch nicht immer, denn es gibt Dinge, die verschlossen bleiben, zudem ist es auch nicht für jeden ratsam, sein Karma zu erfahren. Denn letztendlich könnte dies auch zu einem Kontrollverhalten führen, das die innere Entwicklung der Eigenschaften wie Vertrauen und Liebe stören, wenn nicht gar verhindern könnte.

Ich halte es für wichtig, dass jeder Mensch sich selbst bewusst wahrnimmt, Vertrauen zu sich und der geistigen Führung hat, um seinen Entscheidungen von ganzem Herzen zu folgen. In dieser hohen Anbindung können wir im ruhigen und erwartungslosen inneren Zustand die himmlischen Antworten empfangen und die eigene Intuition und Entscheidungsfähigkeit schärfen. Dafür müssen wir meditativ üben, in innere Ruhe zu kommen, um uns selbst wahrzunehmen, dabei den Atem tief in den Bauch fließen lassen, die Gedanken in die Klarheit bringen und dabei das Herz voller Liebe erleben. Wir müssen währenddessen die klaren und wichtigen Fragen vom Herzen kommen lassen, höheres Wissen geduldig aus der inneren Stille heraus in uns strömen lassen und die tiefe Weisheit in uns bewusst erleben. Die Schulung und die Zunahme der eigenen Intuition kann dann, in dieser inneren Achtsamkeit, täglich mitten im Alltag stattfinden. Seien Sie einfach offen für das Leben und aufmerksam, und Sie können erleben, dass alle erlebten Emotionen, Gedanken, alles Wissen und alle Weisheit abgespeichert vorhanden sind und über Inspiration und Intuition abrufbar, weil jeder menschliche Geist mit den höheren geistigen Dimensionen verbunden ist.

Unter Inspiration versteht man jene mentale Kraft, die neue Ideen hervorbringt. Jedem kann die Inspiration als ein Erlebnis begegnen, das als Auslöser für eine neue Idee wirkt, zum Beispiel die Begegnung mit einem Menschen, eine Reise oder ein Traum. Auch in der Poesie versinnbildlicht der Begriff Inspiration das »Einhauchen von etwas« durch einen göttlichen Wind.

Die Intuition ist die Fähigkeit, die Inspiration umzusetzen, ohne den Intellekt einzuschalten, also ohne bewusste Schlussfolgerungen. Jeder Mensch ist mehr oder weniger begabt, eine gute Entscheidung spontan mit dem »Bauchgefühl« treffen zu können, ohne die zugrundeliegenden Zusammenhänge rational zu verstehen. Auch hierbei ist die geistige Anbindung hilfreich und unterstützend.

Das Geheimnis des inneren Wissens spiegelte bereits Sokrates (470 bis 399 v. Chr.) wider, indem er sagte: »Lernen besteht in einem Erinnern von Informationen, die bereits seit Generationen in der Seele des Menschen wohnen.«

Das morphische Feld

In der heutigen Zeit beschreibt uns der Wissenschaftler und Autor Rupert Sheldrake in seiner Hypothese der formgebenden Verursachung durch das morphogenetische Feld dieses Phänomen. Bei einem seiner Feldversuche zum Thema Pflanzenschutz beschreibt er unter anderem das Verhalten von Pflanzen beim Einflug eines Heuschreckenschwarms. Eine bestimmte Pflanzenart fing sofort an, einen Stoff auszuschütten, damit sie von den Heuschrecken nicht gefressen würde – klare Ursache und Wirkung. Sheldrake stellte dabei fest, dass die gleiche Pflanzenart, kilometerweit entfernt und ohne sichtbare Verbindung, auch den Stoff ausschüttete, ohne dass es Heuschrecken oder eine sichtbare Verbindung gab. Daraus und aus vielen anderen Versuchen und Gegebenheiten folgerte er, dass es etwas geben musste, worüber entweder Informationen weitergegeben werden oder abrufbar sind.

Sheldrake bezeichnet den Energiespeicher, wo alles Wissen, jede jemals auf der Erde gemachte Erfindung, jede gelöste Aufgabe gespeichert und über die Gedanken abrufbar ist, als morphisches Feld. Wir alle sind damit auch verbunden, und in jede Art von Forschung und Erfindung fließen diese jemals gemachten und gespeicherten Erfahrungen ein. Nichts und niemand beginnt von vorn, alles bereits gemachte Wissen fließt überall mit ein. So kommt es, dass das Wissen auf der Erde sich in immer kürzerer Zeit vervielfacht. Die Existenz dieses Feldes, dieses Energiespeichers bezeugen viele Beispiele, unter anderem die Tsunami-Katastrophe Ende 2004. Es gibt dazu ein markantes Beispiel aus der Tierwelt. Alle Tiere liefen vor dem Wasser rechtzeitig weg. Es gab keine Erschütterung oder dergleichen. Eine solche Warnung kam ebenfalls über dieses Feld.

Wir Menschen haben auch diesen Zugang und kennen ihn als unser Bauchgefühl, Intuition, siebten Sinn usw. Leider haben wir viele Filter und inneren Stress, die uns nicht mehr an die feinstofflichen, sensorischen Impulse glauben lassen. Stattdessen entscheiden wir dann doch immer wieder aus dem Verstand heraus.

Ich sehe die von Sheldrake als morphische Felder bezeichneten Wissensspeicher als eine Energieform des globalen Gedankengutes der gesamten Menschheit und der gegenwärtigen universellen Vorgänge. Es handelt sich um alle in unserer Umwelt gespeicherten Informationen. Was auch immer ein Lebewesen macht oder denkt, wird in den morphischen Feldern hinterlegt. Sie leiten unsere Intuition und sind für jeden Einzelnen mehr oder weniger leicht zugänglich. Die morphischen Felder sind somit als Medium und Leitung zwischen allem zu sehen. Alles ist über die morphischen Felder miteinander in gegenwärtiger Verbindung. Die Wirkung dieser Felder erstreckt sich über Zeit und Raum hinweg. Wir haben alle Zugang zu diesem Wissen, jedoch niemals über unseren Intellekt, sondern auf die Weise, wie es uns die Natur vormacht, über unsere Intuition, über die höhere Form der Intelligenz und innerer Kreativität.

Jeder kann sich in das große Wissen einklinken.
Der Zugangscode ist die meditative Ruhe in dir.

5. Der Mensch als Schöpfer

Atem und Achtsamkeit

Alles ist mit allem verbunden, nichts existiert im Universum isoliert, nur der intellektuelle Glaube, also unser Gedankengut, trennt uns vom Ganzen. Wenn wir dies begreifen, uns wieder als einen Teil des Gesamten verstehen und mit allem schwingen, können wir unseren Ursprung und unsere Ganzheit wahrnehmen.

Die evolutionäre Entwicklung des Menschen geht stetig voran. Die feinstoffliche Schwingung der Erde nimmt immer mehr zu, und die Schwingung des Himmels kommt uns näher. Da die Menschen immer feinstofflicher werden, steigen die Sensibilität und die Intuition bis hin zu Hellsichtigkeit, Hellfühligkeit und anderen übersinnlichen Fähigkeiten. Dadurch verändern sich aber auch unsere Bedürfnisse. Es ist heute so wichtig wie nie zuvor, dass wir uns in Achtsamkeit wahrnehmen, um unseren Lebenssinn und unsere Lebensaufgaben zu erfahren. Je mehr Sie vom Herzen leben, desto mehr tragen Sie zur lichtvollen Gestaltung der Welt durch Ihre eigene liebevolle Entwicklung bei.

Der Atem führt, und das Leben folgt. Das bewusste Atmen ist der Gegenstand einer jeden spirituellen Philosophie. Das bewusste Atmen ermöglicht die Selbstwahrnehmung und stärkt die geistige Anbindung. Verbinden Sie sich über Ihren harmonischen Atem mit der lichtvollen geistigen Welt, spüren Sie Ihre Verbindung und schöpfen Sie daraus. Aus der Zunahme der Harmonie im Inneren folgt die Zunahme der Harmonie und Ordnung im Außen. Besinnen Sie sich zunehmend auf das Wesentliche, denn wir sollten uns im Leben nicht verzetteln, sondern achtsam und bewusst den Zielen nachgehen, die sich im Herzen überzeugend und absolut stimmig anfühlen. In der heutigen Zeit gibt es so viel Ablenkung und Oberflächlichkeit, dass man sich immer wieder ganz bewusst auf wirkliche Werte wie Dankbarkeit und Demut besinnen sollte. So kann man sein Leben aus seinem Herzen betrachten und findet und erkennt die Freude am Wesentlichen. Dahinter verbergen sich Zufriedenheit und die Glückseligkeit.

Betrachten Sie Ihre Träume, und Sie können vieles über sich erfahren. Werden Sie sich auch Ihrer Wünsche bewusst, und hinterfragen Sie, welche Motivationen dahinter stehen. Wenn Ihre Motivation sich friedvoll anfühlt, so können Sie sicher sein, dass die geistige Welt Sie dabei unterstützen wird, dies zu erreichen. Beobachten Sie auch die Inhalte Ihrer Träume. Erspüren Sie aus den Nachtträumen die wegweisenden Botschaften Ihres Überbewusstseins, denn auch über die Träume kann Ihnen der Weg zur inneren Erfüllung gezeigt werden. Leben Sie mit Achtsamkeit in der Gegenwart, haben Sie immer Verständnis für sich, für Ihr Handeln und auch für die anderen Menschen. Versuchen Sie auch, die Sichtweise der anderen zu begreifen und nicht damit zu hadern. Je mehr Sie vom Herzen aus betrachten, umso mehr werden sich Ihnen wunderbare Möglichkeiten offenbaren, und Sie wirken als Schöpfer einer liebevollen Realität.

Denn dieses erwachende Bewusstsein ermöglicht Transformation und Freiheit. Transformation bedeutet, die belastenden Gefühle und Gedanken in Erkenntnis, Verständnis, Vergebung und Vertrauen umzuwandeln. Dieser Entwicklungsprozess macht die innere Freiheit bewusst und erlebbar. Ich werde nicht müde, immer wieder auf die Wichtigkeit des ruhigen, tiefen Atems und des inneren Friedens hinzuweisen. Denn das erhöhte Bewusstsein entwickelt sich über einen tiefen, aufmerksamen Atem, über das Beobachten und Beruhigen der Gedanken und das Empfinden des Friedens und der Liebe. All dies führt in die innere Harmonie und die Gegenwartspräsenz. In innerer Stimmigkeit ist die Liebe für einen immer und überall zugänglich, und so gelangt der Mensch immer mehr in seine persönliche Meisterschaft.

Entfalten Sie Ihr Bewusstsein. Halten Sie inne, lächeln Sie aus vollem Herzen alles an, und die kreative innere Kraft gelangt ins Fließen. Auf diese Weise kann das spirituelle Wissen das menschliche Bewusstsein befreien. Geistiges Wissen befreit das Herz, gibt Vertrauen und ermöglicht den Menschen, sich selbst und die Welt in ihrer Vielseitigkeit und Fülle zu erfahren. Werden Sie immer achtsamer, und nehmen Sie das an, was Sie liebevoll berührt, und erweitern Sie so kontinuierlich Ihr Wissen. Freiheit des Geistes ist das Gegenteil jeglichen Dogmatismus.

Werden Sie sich der unzähligen Geschenke des Lebens bewusst, die Ihnen durch freundliche und freundschaftliche Gesten und durch die Wunder des Lebens zuteilwerden. Erkennen Sie, was Ihnen schon alles Wunderbare widerfahren ist, und spüren Sie Liebe und Dankbarkeit in Ihrem Herzen, denn die Liebe erweitert das Bewusstsein. Wenn der Mensch in Harmonie und Liebe lebt, kann er das wirklich Wesentliche im Leben erkennen. Mit dem Blick der Liebe versteht er die Schöpfung und die Zusammenhänge im Weltengeschehen und wirkt selbst in seiner Kraft und Reinheit als Mitschöpfer.

Die Reinheit der Gedanken lässt uns alles verstehen. Wenn Sie sich so des höheren Sinns Ihres Seins und Ihrer Aufgabe bewusst werden, können Sie auch erkennen, welch aktive Unterstützung des Himmels Ihnen zur Verfügung steht. Sie können über alle scheinbaren Hindernisse hinauswachsen, und nichts kann Sie dann aufhalten. Denn Sie sind in Wirklichkeit ein großartiges und mächtiges Wesen mit grenzenloser Energie und einem grenzenlosen Schöpfungspotenzial.

Segnen Sie sich und Ihre Vorhaben, und Sie werden gesegnet sein. Segnung ist die Zentrierung der Energie auf eine Sache oder einen Menschen, die durch liebevolle Gedanken und Gefühle in geistiger Anbindung entsteht. Denken Sie liebevoll an alles, was Sie bewegt, und lächeln Sie es innerlich von Herzen an. So erschaffen Sie eine lichtvolle Kraft, die sich über alles legt und die Liebe und Erfolg für Sie, Ihre Vorhaben und Ihre Mitmenschen schenkt.

Lassen Sie den himmlischen Segen in allem wirken. Wenn Sie an einen Wunsch oder an einen Menschen von ganzem Herzen glauben, so hüllen Sie es durch Ihre Liebe in gute Energie ein. Dies gibt allem einen großen, lichtvollen Schutz und verstärkt das Energiefeld, in dem dann die himmlischen Kräfte besonders intensiv wirken können.

Gehen Sie also voller Liebe die Dinge an, und seien Sie sich in jeder Lage Ihrer Schöpferkraft bewusst. Ihr Weg ist immer lichtvoll, jedoch nur Sie können ihn gehen. Wachsen Sie an den Herausforderungen, und lernen Sie Ihre Kraft, Ihren Mut und Ihr Schöpferpotenzial dadurch immer mehr kennen. Jeder Mensch hat die Fähigkeit und auch die

Aufgabe, sich hin zu liebevollen, kreativen Lösungen und zu lichtvollen Kräften zu entwickeln.

Ihr Weg ist frei, machen Sie sich auf die Reise, und folgen Sie Ihrem Herzen. Machen Sie sich bewusst, dass niemand Ihnen im Weg stehen kann und wird, außer Sie sich selbst. Lassen Sie sich nicht von Unsicherheiten, Angst und Zweifel irritieren und ablenken, sondern besinnen Sie sich auf Ihre Kraft und Ihren lichtvollen Glauben. Ihr Weg ist eben, lichtvoll und frei, doch Sie müssen ihn ergreifen und gehen. Hören Sie auf Ihr Herz, und folgen Sie ihm mutig und mit Gottvertrauen. Lassen Sie sich durch keinen Kummer und Schmerz irritieren, sondern stellen Sie stets die höheren Werte über die Angst und die unglücklich machenden alten Muster, und folgen Sie dem Lebensmotto: »Wo Angst ist, möchte Liebe erwachen und wachsen.«

Denken Sie daran, alles ist Energie, alles hängt zusammen, Mikrokosmos gleich Makrokosmos. So sind auch Sie, wie jeder andere Mensch, über Ihre energetische Aura ohne Grenzen mit allem verbunden. Jeder Körper hat ein eigenes Energiefeld. Dies besteht aus der Aura und den Chakras. Die Aura wird von einer feinstofflichen Energiehülle um den Körper herum gebildet. Die Chakras sind feinstoffliche Energiezentren im Körper. Das Energiefeld des Körpers schwingt mit dem Energiefeld der Erde und des gesamten Kosmos zusammen. Es ist deshalb nicht nur für die Heilung, sondern auch für das Bestehen im alltäglichen Leben notwendig, seine Energiespeicher immer wieder durch frische und reine Kraft aus den göttlichen lichtvollen Ebenen des Universums aufzufüllen, also sich ins Licht zu stellen. Die Aura ist also eine energetische Dichte um den Menschen. Ihr Ausdruck spiegelt den seelischen, geistigen und körperlichen Zustand der Person wider. Man kann daran auch die spirituelle Anbindung des Menschen an das Göttliche erkennen, sie ist ein Ausdruck der göttlichen Energie auf der irdischen Ebene. Sie hat quasi keine Grenze und kein Ende, sondern wird mit zunehmender Entfernung zum Menschen immer energieärmer und damit auch für einen Hellsichtigen immer weniger sichtbar.

Da alle Materie die maximale Verdichtung der Energie darstellt, hat auch jedes Lebewesen auf der Erde eine Aura. Materielle Gegenstände haben auch ein Energiefeld, das aber anders beschaffen ist als die Aura. Eine Aura ist im Gegensatz zu einem gegenständlichen Energiefeld an lebende Zellen gebunden und somit veränderbar. Die komprimierte Aura um den Körper ist von Person zu Person unterschiedlich weit ausgedehnt. Ich erlebe, dass sie bei vielen Menschen oft ungefähr einen Meter um den Körper herumreicht.

Je mehr ein Mensch sich für heilsame Kräfte öffnet und bewusst auch an der eigenen ganzheitlichen Heilwerdung arbeitet, desto mehr lichte Schwingungen nimmt er auf und umso weiter dehnt sich seine noch deutlich sichtbare Aura aus – bis zu etwa zwei Metern.

Je mehr sich ein Mensch für die lichten geistigen Welten öffnet, desto transparenter wird seine Aura. Seine sichtbare Aura kann sich dann sogar bis zu drei Metern ausdehnen.

Die Aura ist Veränderungen unterworfen, verkleinert beziehungsweise vergrößert sich je nach Zustand der Person. Je mehr ein Mensch von Herzen lebt, desto weiter und strahlender ist seine Aura. Jeder Mensch ist ein geistiges Wesen, voller Licht und Energie. Je mehr Liebe er in sich zulässt, umso mehr erstrahlt seine Aura und umso mehr erhellt er die Welt.

Da die Aura der Menschen kein Ende hat, schwingen alle Menschen zusammen!

Es ist immer von Vorteil, sich seines Schöpfungspotenzials und grenzenlosen Bewusstseins gewahr zu sein, dann kann man die Welt in ihrer Resonanz und Dualität und die Verknüpfung des eigenen Schicksals besser verstehen. Es geht im Leben darum, alles in Liebe anzugehen, dies bedeutet jedoch nicht, zu allem ja und amen zu sagen.

Zu innerer Balance und sozialer Kultur gehören auch Fähigkeiten wie Flexibilität, liebevolles und verständnisvolles Durchsetzungsvermögen, Frustrationstoleranz, Kritikfähigkeit, Konsequenz usw., um mit Liebe und Verständnis den eigenen Weg im lichtvollen Sinne entfalten zu können. Für sich und seine Belange in Liebe und Klarheit einzustehen und dabei die Meinung anderer zu verstehen und zu akzeptieren, gehört ebenso zu einem bewussten, erfolgreichen und glücklichen Leben. Die Entwicklung der Persönlichkeit hat weniger mit dem Alter zu tun als mit innerem Wissen und innerer Weisheit. Ein wirklich erwachter, bewusster Mensch wird sich niemals zu einem Streit hinziehen lassen. Es hat in erster Linie mit einem wachen Bewusstsein und der Erkenntnis zu tun, dass man in seinem Leben souverän für sich selbst sorgen kann und in seinem Überleben von niemandem abhängig ist. Genau davon sollte man sein Unterbewusstsein überzeugen, um vertrauensvoll und bewusst vermehrt Impulse aus dem Überbewussten, Göttlichen zu empfangen und somit seinem Glück und Seelenplan näher zu kommen.

Leben Sie im Jetzt, genießen Sie und wirken Sie voller Freude. Lassen Sie Ihre Sorgen und Zweifel los, denn erst dann kann sich der Erfolg manifestieren. Eine achtsame Präsenz in der Gegenwart erleichtert das Loslassen der Vergangenheit und die Segnung der Zukunft. Sie können alles erreichen, wenn Sie es nur von ganzem Herzen aus voller Überzeugung wollen. Die Verwirklichung der Vorhaben geschieht mit dem geistigen Willen, die Reinheit der Absicht kommt aus dem Herzen, und wenn beide Aspekte in Ihren Zielen vorhanden sind, werden Sie die Stimmigkeit Ihrer Bedürfnisse spüren und dem Himmel deren Erfüllung erlauben. Mit geistiger Führung und tiefem Glauben können Sie Ihre Schöpferkraft einsetzen und auch zu großartigen Erfolgen gelangen. Entscheiden Sie sich immer für das Liebevolle in Ihnen, und Sie werden immer das Richtige tun. Liebevoll sind nicht jene Entscheidungen, die vorübergehend Konflikte vermeiden, liebevoll sind jene Entscheidungen, die im tiefsten Herzen sich friedvoll und stimmig anfühlen und niemandem schaden. Das Richtige ist immer das, was die Seele mit Frieden erfüllt.

Die Kraft der Liebe

Im neuen Zeitalter wird alles feinstofflicher. Dadurch kommen sich Himmel und Erde näher, deshalb erleben heute die Engel eine Renaissance, weil immer mehr Menschen sie aufgrund ihrer zunehmenden Sensibilität wahrnehmen oder sogar sehen können. Die veränderten Lebensbedingungen haben einen starken Einfluss auf das sich verändernde Bewusstsein. Die neue, sensiblere, weibliche Zeit erfordert also, die Rationalität der Gedanken, die Tatkraft der Handlungen mit einem stimmigen liebevollen Herzen zu verbinden. Der Weg in die Harmonie von Geist, Seele und Körper gelingt über die inneren Eigenschaften und Handlungen der Selbstliebe. Es wird in der neuen Zeit zunehmend wichtiger, sich der Selbstliebe und geistigen Anbindung bewusst zu werden. Der Mensch soll erkennen, dass der Weg zu seinem Inneren über die liebevolle Resonanz zu sich selbst führt, dann wird er sich diese auch erlauben können.

Die Lebensqualität im Außen kann sich nur über die liebevolle Lebensqualität im Innen stets zum Positiven hin entwickeln, denn jeder unserer inneren Konflikte findet im Äußeren eine Widerspiegelung. Stellen Sie sich einfach vor, wie Sie die »Tore« des emotionalen Herzens in Ihrer Brust öffnen, und erleben Sie das Licht, die Wärme und die wunderbare Liebe Gottes in Ihrem Herzen. Wenn Sie diesen Zustand immer wieder aufleben und wachsen lassen, haben Sie die Lernaufgabe des Goldenen Zeitalters verinnerlicht.

Sie sind dann in Ihrer Harmonie, und Ihre Liebe kann zu allen Seiten hin wachsen, und Sie strahlen durch Ihr inneres Glück Licht über die Erde!

Unser aller Lebensmotto sollte sein: »Ich nutze das Leben, finde mein Glück und meine Liebe – denn wo Liebe ist, ist keine Angst.« Für dieses fließende Gefühl sind wir auf der Erde. Wir benötigen es im irdischen Leben wie auch im Jenseits, in den geistigen Welten. Das wahre Glück erlebt man im Gefühl, nichts festhalten zu wollen. Festhalten ist Angst, Loslassen ist Liebe. Liebe ist Freiheit, Freiheit ist Glück. Wir können nichts im Außen festhalten oder kontrollieren, denn alles ist vergänglich, außer der Seele und dem Geist.

Ein solches Lebensmotto erfordert Vertrauen ins Leben und in die Schöpfung. Fangen Sie hier und jetzt damit an, mit jedem einzelnen Atemzug. Wir leben nicht, um zu kämpfen und irgendwann zu sterben, sondern wir leben, um uns zu entwickeln. Die Qualität bestimmt jeder mit seinem freien Willen selbst, denn es kommt darauf an, aus welcher inneren Lebenseinstellung heraus wir unser Dasein gestalten. Je mehr wir Vertrauen zu uns selbst haben, umso stärker fühlen und wissen wir, wie wir unser Leben liebevoll und friedvoll gestalten und meistern können.

Selbstliebe bedeutet, sich selbst zu genügen, und dies, ohne sich mit anderen zu vergleichen und auch ohne Ansprüche an andere zu stellen. Achten Sie darauf, dass Sie verstärkt aus dem Herzen leben und darüber in eine geistige Anbindung gelangen, dann sind Sie so stark in sich, dass Sie auch anderen Menschen begegnen können, ohne mit Ihnen konkurrieren oder um Ihre Anerkennung buhlen zu müssen oder sich gar verletzt zu fühlen. Immer wenn Sie in eine kritische Phase kommen, erinnern Sie sich daran, dass Sie sich ganz auf Ihren ruhigen Atem konzentrieren und Ihr Herz noch mehr für sich selbst öffnen und dafür, dass Gott und die Engel Ihnen beistehen. Lieben und akzeptieren Sie Ihr Gegenüber, und erkennen Sie den göttlichen Funken in ihm.

Selbstliebe ist ein Bewusstseinszustand, ein Gefühl, mit sich im Reinen zu sein, seine Schwächen und Stärken liebevoll anzunehmen, das heißt auch, in der Lage und so weise zu sein, seine Schwächen zu erkennen. Dann kann man sie auch als das betrachten, was sie sind – Schwächen sind dazu da, damit die eigenen Stärken noch weiter wachsen können. Im Zustand der reinen Selbstliebe gibt es keine Polarität oder Resonanz, kein Ringen mit den Dingen. Man ist vielmehr im Frieden mit sich und dem Leben.

Darf man sich denn überhaupt selbst lieben, entspricht das nicht einem starken Egoismus? Diese Frage stellen sich oft Menschen, die durch den Gedanken an Schuld und Sünde vorbelastet sind. Aber die Liebe ist unsere Existenzgrundlage. Wenn wir die Liebe nicht in uns selbst und zu uns selbst empfinden, dann können wir sie auch nicht bedingungslos anderen Menschen gegenüber empfinden. Je mehr Liebesdefizite in unserem Herzen vorhanden sind, desto mehr erwarten wir die Liebe dann von außen, von anderen. Und wenn sie uns dann zuteilwird, sind wir nicht unbedingt in der Lage, sie auch wirklich anzunehmen. Wenn wir in unserem Inneren nämlich an den Mangel glauben, so kann auch nicht die Fülle im Außen erkannt und umgesetzt werden. So, wie der Mensch mit sich selbst umgeht, so geht er auch mit anderen um; wie innen, so außen. Liebe ist der Weg zu Gott und ein Geschenk Gottes.

Der Mensch sollte die Liebe verinnerlichen und sie nicht ausschließlich im Außen suchen und dabei in Facetten aufteilen, wie Elternliebe, Partnerliebe oder Tierliebe. Denn zur frei machenden überpersönlichen All-Liebe führt der Weg nur über die Selbstliebe. Dann erst ist es möglich, auch den Nächsten wirklich erwartungslos lieben zu können. Eine echte glückliche und freilassende partnerschaftliche Liebe hat ohne Selbstliebe keinen Bestand. Die Selbstliebe sollte also als eine selbstverständliche Notwendigkeit erkannt werden und hat nicht das Geringste mit einem falschen Ego zu tun. Denn wenn man sich selbst liebt, nimmt man ja niemandem etwas weg, sondern bereichert die Menschen mit seiner Liebe, Güte, Harmonie und Kraft. Ich meine hier nicht eine falsche Ich-Bezogenheit, denn Selbstherrlichkeit und Selbstverliebtheit haben mit Liebe nichts gemein.

Gott liebt jeden Menschen bedingungslos, also soll der Mensch es auch selbst tun. Betrachten Sie sich selbst in Liebe, Ihre Seele ist aus Gottes Licht geschaffen, und Ihre Grundessenz ist nichts anderes als pure Liebe. Lassen Sie sich von nichts Negativem ablenken, sondern besinnen Sie sich immer auf Ihr Grundnaturell, die Liebe. So können Sie Ihre Gedanken und Gefühle für das Wesentliche im Leben öffnen und liebevolle Handlungen vollziehen. Lassen Sie die Liebe Ihre Kraftquelle sein, denn das Universum besitzt grenzenlose Energie in Form der göttlichen Liebe, aber wir müssen über unsere eigene Liebesschwingung damit in Resonanz kommen. Verlassen Sie sich auf Gott und auf sich, und schöpfen Sie Ihre Kraft vom Höchsten. Gehen Sie achtsam und bewusst mit Ihren Gedanken und Ihrem Atem um, dann kann die himmlische

Energie in Ihrem Körper fließen, Ihre Gedanken mit Kreativität durchfluten und Ihre Gefühle mit Liebe versorgen. Stellen Sie sich in das Licht der Liebe, seien Sie selbst Liebe, dann Sie sind eine Kraftquelle für sich und für andere Menschen. Kommen Sie immer wieder bewusst zur Ruhe, lassen Sie alle vorbeihuschenden und kreisenden Gedanken los, halten Sie innere Einkehr, und widmen Sie sich einem Gebet. Spüren Sie, wie in dieser Stimmung sich die freudvolle Kraft zunehmend vermehrt, und lassen Sie das Liebevolle immer mehr zu. So entfaltet sich die Liebe in Ihrem Herzen immer mehr, und die Schwingung wird erhöht. Über die Liebe verbinden Sie sich mit der Liebe Gottes.

In Ihrer Liebesfähigkeit haben Sie einen großen inneren Reichtum in diese Inkarnation mitgebracht, bringen Sie sich dies immer wieder ins Bewusstsein, heben Sie diesen Schatz immer mehr, und unterschätzen Sie den der Liebe innewohnenden Schutz nicht. Denn der Mensch ist mehr als nur sichtbare Materie und Intellekt, er ist ein geistiges Wesen, das irdische Erfahrungen macht. Sein Geist ist verbunden mit Gott und voller Klarheit und Wissen. In seiner Seele strömt Gottes Licht voller Liebe und Wärme. Alles wird durch Geistes- und Seelenkräfte mit Licht durchflutet. Jeder hat also seine intensive geistige Anbindung und hat in seinem liebevollen Herzen inneren Reichtum in Form von Liebe und inneren Fähigkeiten mitgebracht. Auch wenn es viele Menschen gibt, die Ihnen sagen, dass dies nicht stimmt, so glauben Sie an sich, und erspüren Sie Ihre Wahrhaftigkeit.

Lernen Sie sich mit jedem Tag immer aufs Neue kennen und lieben, und seien Sie es sich wert, Sie selbst zu sein. Denn allzu oft sind wir zu sehr damit beschäftigt, eine Rolle zu spielen, von der wir meinen, dass sie von uns erwartet wird. Dabei vergessen wir ganz, wie wunderbar es sein kann, einfach selbst zu sein, sich in Liebe und Frieden wahrzunehmen und über die liebevolle Selbstreflexion den Fluss und das Glück des Lebens neu zu erfahren. Achten Sie also darauf, dass Sie nicht bloß eine zugedachte Rolle sind, sondern dass Sie immer zuerst Sie selbst sind, indem Sie in allen Situationen in sich ruhen und sich Ihrer Stärke und Ihres Liebespotenzials bewusst sind. Wenn Sie nämlich versuchen, so zu sein, wie Sie meinen, dass andere Sie sehen möchten, so ist dies vor allem Ihnen selbst gegenüber nicht aufrichtig. Das wird Ihre lichtvolle, erfolgreiche und glückliche Entwicklung blockieren und wird nach und nach auch Misstrauen und Konflikte schüren. Sie können somit weder Glück noch Erfolg anziehen. Lieben Sie sich so, wie Sie sind, und nehmen Sie sich so an, wie Sie sind. Lieben Sie Ihre Stärken, und akzeptieren und verwandeln Sie Ihre Schwächen, dann können Sie auch andere Menschen lieben, und die anderen Menschen können Sie genauso lieben.

Sie sind auf dieser Erde, um Liebe vorzuleben, seien Sie sich dieser Aufgabe in allen Lebenslagen bewusst, dann leben Sie stets in innerer Fülle. Liebe ist für jeden Menschen ein individuelles Gefühl. Es ist immer lohnenswert, sich stets zu einer noch größeren Liebesfähigkeit zu entwickeln, denn als Schüler Gottes lernt man nie aus. Seien Sie immer bereit, Ihrer großen Weisheit des Herzens zu begegnen, und lernen Sie sich auf dieser Erde mit großer Freude immer mehr kennen und vor allem lieben.

Gelebte Spiritualität

Gelebte Spiritualität zeigt dem Menschen den Weg, die wahren inneren Werte zu erkennen, die das Leben wirklich lebenswert machen. Dies ist all das, was den Menschen in den zwischenmenschlichen Begegnungen bereichert und ihn auf den richtigen Weg zu seiner Zielerfüllung bringt. Es sind die inneren Werte, die den Menschen immer mehr aufrichten und Klarheit schaffen. Dies sind vor allem Liebe, Ehrlichkeit, Mitgefühl, Verständnis, Erkenntnis und innere Erlebnisse. Dies sind die nötigen Tugenden, um Spiritualität und göttliche Anbindung praktisch im Alltag umzusetzen, sie zu erleben und den eigenen Seelenplan und somit seine wahren befriedigenden Bedürfnisse zu erfüllen. Den Menschen fällt es meist leichter, diese Eigenschaften zu spüren, wenn alles im Leben so läuft, wie sie es sich gern vorstellen. Doch es geht gerade darum, seinen Glauben an das Gute und an Gottes Kraft auch in weniger beflügelnden Zeiten zu bewahren und im tiefen Vertrauen aus allen Erfahrungen lichtvolles Neues zu erschaffen. Wir sollen und müssen nur darauf achten, dass alles, was wir tun, aus vollem Herzen und in Liebe und Freude geschieht. Damit diese Eigenschaften zu jeder Zeit selbstverständlich werden, können wir Gebete, Segnungen, Meditationen, Gespräche, Momente der Ruhe, ausgedehnte Spaziergänge in der Natur und erhöhte Aufmerksamkeit im Alltag uns selbst und auch anderen gegenüber praktizieren.

Wichtig ist, jegliche Angst vor den Menschen, vor dem Leben und letztendlich vor dem Tod in Liebe zu verwandeln und aus den Bewertungen und Verurteilungen herauszukommen. Wir müssen uns immer wieder ins Gedächtnis rufen, dass, bedingt durch das Resonanzprinzip auf Erden, kein Mensch etwas Negatives tun kann, ohne gleichzeitig auch etwas Positives anzustoßen. Der Mensch muss aufhören, sich wie ein hilfloses Opfer oder wie ein schuldiger Täter zu fühlen, sondern er muss in eine neutrale, urteilsfreie Haltung hineingehen, die Sicherheit und Vertrauen vermittelt. Das ist eine Haltung, die die Engel zeigen.

Viele Menschen können sich nur schwer vorstellen, dass

man wirklich ohne Vorurteile und ohne Verurteilung sein Leben vorteilhaft gestalten kann. Der Grat zwischen neutraler Beurteilung und Verurteilung ist oft schmal. Im alltäglichen Leben müssen wir oftmals Stellung beziehen und Entscheidungen treffen. Diese sollen aus lichtvollen Emotionen, geistiger Klarheit, Liebe und geistiger Sicherheit zum Wohle aller getroffen werden. Wenn wir aber falsche Emotionen wie Unsicherheit, falsche Moralvorstellungen, Zwang, Neid, Hass, Gier, Anerkennungssucht usw. in unsere Entscheidungen hineinfließen lassen, so richten wir über andere und erheben uns auch über andere. Weil in dieser inneren Haltung keine Liebe lebt, wird unsere spirituelle Quelle versiegen. Aus Gottes Sicht ist jeder, so wie er ist, vollkommen in Ordnung. Jeder ist gleich, und jeder wird gleichsam geliebt von ihm. Die Engel sagen, ihr sollt niemanden verurteilen, denn ihr seid keine Richter. Jede Seele muss im irdischen wie auch im jenseitigen Leben vor sich selbst Rechenschaft ablegen, das heißt in der Lage sein, sich anzunehmen und zu lieben. Ansonsten wird diese Seele durch entsprechende Erfahrungen von allein dorthin geführt werden.

Bei allem Herzensbemühen befinden sich viele Menschen im permanenten Zweifel, weil der Kopf oft etwas anderes sagt als das Herz. Hierbei ist es wichtig zu verstehen, dass dieser Zustand immer einem Zustand der Angst entspricht, die auch die Ursache für die meisten Schwierigkeiten, die uns im Leben begegnen, darstellt. Alle Lösungen sind ausschließlich in der Liebe zu finden. Mit dieser Erkenntnis kann sich bereits der erste befreiende Schritt vollziehen.

Es gelingt leichter, wenn man sich auf die Kraft der Gegenwart besinnt. Zunächst ruhig und tief in den Bauch atmen, dann ein liebevolles Lächeln im Herzen spüren und darüber die Gedanken immer mehr zur Ruhe bringen. So

können Körper, Seele und Geist harmonisch zusammen-
wirken. Dann ist der Mensch in einer liebevollen, wahr-
haftigen, klaren und selbstsicheren inneren Haltung und
weiß, was zu tun ist, auch mitten im Alltag.

> Ich empfehle Ihnen eine loslassende Segnung, die Sie in
> Ihrer Aktivität und Tatkraft unterstützen kann. Sie kann
> folgendermaßen lauten:
> »Liebe lichtvolle geistige Welt, möge sich alles für mich
> und alle Beteiligten licht- und sinnvoll entwickeln. Ich
> selbst werde von ganzem Herzen und in reiner Liebe mein
> Möglichstes dazu beitragen.«

Wenn der Mensch aus tiefstem Herzen ein warmes und
harmonisches Gefühl der Liebe zu sich im Inneren empfindet, so wird er auch immer ehrlich, liebevoll und friedvoll nach außen agieren, lichtvolle Dinge anziehen und
Angst und Zweifel immer mehr loslassen können, weil er
immer mehr Sicherheit und Urvertrauen gewinnen und
den lichtvollen göttlichen Sinn in allem erkennen kann.
Vertrauen bedeutet, sich mutig dem zu stellen, was ist. Es
bedeutet nicht, passiv zu leben und vielleicht Entscheidungen zu treffen, die für ihn nicht stimmig sind und des
lieben Friedens willens zustande kamen.
Betrachten Sie unangenehme Lebenssituationen nicht als
Problem, sondern als Herausforderung, denn Herausforderungen, richtig angegangen, bringen uns weiter und
zeigen die Essenz des Lebens. Sie machen uns erfahren,
stark und weise. Im Vertrauen liegt Gottes Weisheit. Mit
Vertrauen steht und fällt alles. Vertrauen heißt nicht, nichts
zu tun, sondern sich den Dingen zu stellen. Vertrauen ist
eine innere, aktive und vorwärtstreibende Kraft. Diese er-

möglicht neue Erfahrungen und Erkenntnisse und offenbart Gottes Weisheit.

Segnen Sie das, woran Sie glauben. Vertrauen Sie, und lassen Sie Veränderungen zu. Ohne jegliche Veränderung würde totale Starre eintreten. Geben Sie sich deshalb dem Fluss hin. Es wird niemals möglich sein, irgendetwas aufzuhalten oder dauerhaft zu kontrollieren. Jede Art des Festhaltens erzeugt Krampf und Druck. Und jeglicher Druck, das haben wir schon im Physikunterricht gelernt, erzeugt immer Gegendruck. Weise dagegen ist es, alle Geschehnisse zu segnen und voller Vertrauen an die geistige Welt abzugeben. Trauen wir uns, neue Wege zu gehen, denn die Welt ist farbenfroh und groß, und wir sollen mittendrin sein, uns daran erfreuen.

Wir sollen uns frei und sicher fühlen, freudig mit allem in Korrespondenz treten, über unseren eigenen Horizont hinausschauen und uns den Meinungen und Erfahrungen anderer Menschen öffnen. Es gibt genügend Menschen in unserem Umfeld, die uns durch ihre Anwesenheit bereichern und deren Meinungen, Wissen und Weisheit uns neue Erkenntnisse bringen, woraus wiederum Neues, sogar vielleicht Wunder entstehen können.

Nehmen Sie die Beziehungen zu Ihren Mitmenschen durch ein authentisches Interesse an der Persönlichkeit des anderen und seiner Lebensbetrachtung und Lebensweise ernst. Lassen Sie sich von der Lebensbegeisterung anderer Menschen anstecken und immer wieder inspirieren, und Ihre Welt wird umso farbenfroher und größer werden, denn die Lebenskreativität entsteht aus der Neugierde und aus dem Vertrauen heraus.

Kreativität ist die maximale Konzentration auf eine Tätigkeit, verbunden mit den geistigen Sphären, und diese Verbundenheit ist wiederum nur im tiefen Herzensvertrauen möglich. Seien Sie in Ruhe, Achtsamkeit, Klarheit und Liebe, dann kann Ihre Intuition aus der inneren Kreativität herausströmen und wird Ihnen lichtvolle Lösungen präsentieren. Dabei stehen die Aufgabenfelder sowie der Grad der Begabungen nicht im Vordergrund. Sie benötigen dafür Ihr Vertrauen und einen unerschütterlichen Glauben an sich und Ihre geistige Führung. Glauben Sie an sich, und Ihr Herz wird Sie liebevoll leiten. Eine solche souveräne und von Vertrauen geprägte innere Haltung hat viel mehr mit Erfolg zu tun als reines intellektuelles Können. Die innere Sicherheit leitet einen dazu an, erfolgreich die selbst gesetzten Ziele zu erreichen. Dies gilt sowohl für einzelne Menschen als auch für Gruppen, und bei den Zielen ist es dabei nicht wichtig, ob es sich um sachliche oder um emotionale Ziele handelt. Zur Umsetzung von allen gesetzten Zielen in positive Ergebnisse bedarf es der Umsetzungskompetenz, und diese wird unterstützt durch Liebe, innere Stärke und Vertrauen.

Erfolg ist nicht nur die Summe richtiger Entscheidungen; dies können die Menschen in der neuen Zeit immer mehr erkennen. Erfolg zu haben heißt auch nicht in erster Linie, Sieg über einen Kontrahenten zu erzielen oder unbedingt einen hohen Gewinn zu realisieren. Heute erleben viele Menschen Erfolg immer mehr auf emotionaler, nicht mehr so sehr auf materieller Ebene. Demnach stellt sich im Bereich der Berufstätigkeit eine Art Glücksgefühl ein, wenn die Fähigkeiten des Menschen in gleichem Maße wachsen wie die Herausforderungen. Steigen diese Anforderungen aber schneller als die Fähigkeiten, stellen sich Stress oder gar das heute weit verbreitete Burn-out-Syndrom ein. Umgekehrt wiederum, wenn die Herausforderungen deutlich niedriger sind als die Fähigkeiten, kann es schnell zu Langeweile kommen. Fehlt es also sowohl an Herausforderungen wie auch an Kompetenzen, kann sich schnell ein Gefühl der Lustlosigkeit einstellen. Es wird in der heutigen Zeit immer wichtiger, alle Wertvorstellungen des eigenen Lebens und der eigenen Persönlichkeit liebevoll und weise zu betrachten. Auch Erfolg ist stets individuell zu betrachten, denn Erfolg ist in erster Linie die Fähigkeit, selbst zu interpretieren und seine selbst gesetzten Ziele zu erreichen. Es geht darum, seine Absichten, Ziele und Kenntnisse für sich in Ergebnisse umzuwandeln.

Doch bei all der Zielstrebigkeit darf man die Vielseitigkeit und die hohe Kreativität des Lebens nicht vergessen. Auch Spiritualität kann ein Erfolgsrezept sein für die eigene Individualität und als gesellschaftlicher Beitrag. Denn der Erfolg eines Menschen beruht maßgeblich auf zwei Eigenschaften: seiner Intelligenz, vor allem die emotionale Intelligenz, und seiner Kreativität. Aus diesen Kräften heraus erkennt er seine Chancen und Wegweisungen und ist in der Lage, Neues zu entdecken und zu vollziehen. Die notwendige innere Sicherheit erlangt er aus der höchsten geistigen Anbindung, wodurch unserem Geist das kosmische Wissen als höchste Form der Intelligenz zugänglich wird, durch ihn strömen darf und in irdischer Umsetzung Großes vollbringt. Das bedeutet, der Mensch kann über seinen Geist Nutzen aus dem kosmischen Zentralcomputer ziehen. Die Akasha-Chronik ist, wie schon erwähnt, ein alles umfassendes energetisches Feld, das alle Erfahrungen jeder Seele mit ihrem Geist und das gesamte kosmische Wissen enthält. Während jeder Mensch in sein momentanes, für diese Inkarnation auserwähltes irdisches Zuhause gefunden hat, bleibt er trotzdem mit seiner himmlischen Heimat verbunden. Dies bedeutet: In den himmlischen Sphären ist sein Geist mit allem und mit all seinen bisher gemachten Erfahrungen verbunden. Dies gibt dem Menschen Lebenskraft und Struktur für seine Lebensaufgabe und seinen Lebenssinn. Die Akasha-Chronik ist von immenser Wichtigkeit für die geistige Ausrichtung, die Wegg in diesem Leben und den persönlichen Erfolg. Einzelne ist mit dieser Dimension über sein höheres st verbunden. Diese Verbindung ist normalerweise nicht unmittelbar herzustellen, sondern äußert sich in Form von innerem Wissen oder auch »Geistesblitzen« aus der verstärkten Achtsamkeit heraus.

Voraussetzung für diese Eigenschaften sind allerdings innere Ruhe, Klarheit und Achtsamkeit sowie auch Geduld und Demut. Geduld kann uns auch lehren, dass, wenn man etwas nicht bekommen kann, dies manchmal auch ein großer Glücksfall sein kann. Es gibt ein erfülltes Leben, doch viele unerfüllte Wünsche, denn Glück und Zufriedenheit sind der natürliche Ausdruck anstrengungslosen Seins. Die lang andauernde Erwartung des Erfolges kann Ursachen, Mittel und Wege zu diesem Erfolg bringen. Man kann das Glück nicht erwerben, es ist in der Seele bereits vorhanden. Die Kraft des Herzens ermöglicht große Zufriedenheit, und Glück ist, mit allem rundum zufrieden zu sein. Die Seele strebt immer nach Harmonie und All-Liebe. Man kann das Glück nicht ergreifen, jedoch mit dem Herzen in Liebe und Geduld erleben.

Auch die Demut soll in spiritueller Kraft nichts Unterwürfiges haben, sondern sie entspricht einem Bewusstsein, mit der Kraft Gottes allgegenwärtig verbunden zu sein, im tiefen Vertrauen zu wissen, dass alles sich immer lichtvoll und sinnvoll entwickeln wird und dass das Leben einen trägt. Diese bewusste Verbundenheit ermöglicht einen spannungsfreien Umgang mit den irdischen Facetten des Lebens, wie zum Beispiel auch mit Besitz und Geld. Es ist verständlich, dass Geld allein niemanden glücklich machen kann, aber das Fehlen von Geld kann wiederum unglücklich machen. Geld allein macht auch nicht krank, aber die krankhafte Gier zum Geld kann schlaflose Nächte und einen unruhigen Geist bescheren. Kein Geld zu haben kann Armut bedeuten, aber der schlechte Umgang mit Geld kann schnell Armseligkeit bedeuten. Somit sind Begeisterungsfähigkeit, aufrichtige Herzenseinstellung und ein kluges Konzept der Schlüssel zum Erfolg, Geld bestenfalls Mittel zum Zweck.

Unserem Seelenplan und Lebenssinn zufolge lernen wir nie aus. Im erhöhten spirituellen Bewusstsein und stetigem Weiterlernen wird die Gelassenheit immer mehr lebbar, denn glücklich sind die, die über sich selbst lachen können, denn ihnen gehört das unbeschwerte Leben! Durch das zunehmende Bewusstsein offenbart sich die Weisheit und die Unendlichkeit des Seins, und immer mehr Antworten für das Leben werden möglich. Wenn man in stetiger göttlicher Präsenz ist, weiten sich die menschlichen Bewusstseinsgrenzen. Das Wissen und die Weisheit offenbaren sich einem in einer bisher nicht gekannten Form und Aussage. Aus innerem Weitblick erlangt man höhere Antworten und bringt auf diese Weise mehr Bewusstsein und Licht auf die Erdenebene. Wir sollten begreifen und uns darauf freuen, dass jede Situation im Leben uns als Lehrmeister dienen kann. Suchen wir also in allem einen lichtvollen Sinn. Denn je besser man das Wirken des Universums im eigenen Leben versteht, umso näher kommt man Gott und sich selbst.

Man findet, all dies auch im Gedicht von Hermann Hesse:
»Solang du nach dem Glück jagst, bist du nicht reif zum Glücklichsein und wäre alles Liebste dein.

Solange du um Verlorenes klagst und Ziele hast und rastlos bist, weißt du noch nicht, was Friede ist.

Erst wenn du jedem Wunsch entsagst, nicht Ziel mehr noch Begehren kennst, das Glück nicht mehr mit Namen kennst, das Glück nicht mehr mit Namen nennst, dann reicht dir des Geschehens Flut nicht mehr ans Herz, und deine Seele ruht.«

Oder wie Goethe schrieb:

»Freudvoll und leidvoll, gedankenvoll sein, hangen und bangen in schwebender Pein, himmelhoch jauchzend, zu Tode betrübt – glücklich allein ist die Seele, die liebt.«

Diese Worte machen deutlich, dass auch ein Initialschmerz im Leben große Erkenntnisse und somit neue Chancen eröffnen kann. Es liegt an uns, unsere eigene Lebensphilosophie nach ihrer Wahrheit und Stimmigkeit zu überprüfen. Denn Gottes Wahrheit ist in den Aussagen natürlich, liebevoll und unkompliziert, für den gesunden Menschenverstand nachvollziehbar und im Alltag umsetzbar, und sie berührt das Herz mit Liebe und Vertrauen. Alles, was nicht diesen Kriterien entspricht, sollte man hinter sich lassen.

Es liegt an den Menschen selbst, sich zu ihrem Glück und Erfolg zu erlösen. Denn wir können mit unserem gesunden Verstand, das, was uns betrübt, erkennen und alles daran Beteiligte verstehen. Wir können allem, uns selbst wie auch den anderen, wo es nötig ist, vergeben und wahres Vertrauen aufbauen, mutig und kraftvoll nach vorn schauen und positive, gesunde Verhaltensweisen an den Tag legen. In diesen inneren und äußeren Aktivitäten findet das befreiende Loslassen in Liebe statt, so dass alles im Leben seinen höheren Sinn und Glanz erfährt, weil die Liebe mit jeder Lebenserfahrung weiter wächst.

Die sieben Erlösungsschritte (Erkenntnis, Verständnis, Vergebung, Vertrauen, Mut, Loslassen und Liebe) sollten stets in unserem Bewusstsein sein und in unsere Handlungen mit einfließen. So ist eine dauerhafte Anbindung zum Göttlichen und somit eine liebevolle Resonanz auf alle Geschehnisse möglich. Dies entspricht dem erhöhten Bewusstsein der heutigen Zeit, es ist gelebte Spiritualität und der gelebte Glaube an das Gute. Dies zeigt, dass Spiritualität die geistige Verbindung mit dem Höheren darstellt, mit dem Übersinnlichen, die Ausrichtung auf Gott. Sie ist im tiefen, unerschütterlichen Glauben begründet und ist eine geistig-geistliche Orientierung und Lebenspraxis eines Menschen. Die Spiritualität befasst sich mit Sinn- und Wertfragen des Daseins, der eigenen Existenz und Selbstverwirklichung im Leben, mit dem göttlichen Sein und der höchsten Wirklichkeit. Sie gibt dem suchenden Menschen in seiner Lebensgestaltung eine Orientierung. Es gibt viele Menschen, die einen vorgegebenen Glauben einfach annehmen, aber in der heutigen Zeit sollten wir immer mehr eine wissende und erkennende, für uns nachvollziehbare Haltung einnehmen und den Glauben in uns selbst persönlich erfahren.

Es gibt verschiedene Ausdrucksformen der Spiritualität: Gottvertrauen; Geborgenheit; Erkenntnis, Weisheit und Einsicht; die Überzeugung, dass es Transzendenz gibt; Mitgefühl, Großzügigkeit und Toleranz; bewusster Umgang mit anderen, sich selbst und der Umwelt; Ehrfurcht und Dankbarkeit; Meditation, Gebet und Verurteilungslosigkeit. Das spirituelle Verständnis hat Auswirkungen auf die Lebensführung und die ethischen Vorstellungen und gestaltet die individuelle Lebens- und Erfahrungsgeschichte mit.

Die Religionen haben deutlich unterschiedliche spirituelle Strömungen hervorgebracht. Doch verschiedene Lehren der Spiritualität müssen sich keineswegs widersprechen und können auch innerhalb einer Kirche nebeneinander bestehen, ich denke zum Beispiel an das buddhistische Zen. Bei all den Unterscheidungen bleibt jedoch der Kern der Spiritualität der gleiche, nämlich die grundlegenden menschlichen Qualitäten der Liebe, der liebevollen Zuwendung, der Güte, der Freundlichkeit und des Mitgefühls. Dies bedeutet, Spiritualität ist ein Überbegriff für alle Weltbilder und Lebensweisheiten, die über den Materialismus hinausgehen. Spiritualität und Erfolg sind in ihrer Fülle und Reinheit der Absicht vereinbar.

Bei all dem Wissen, das uns heute zur Verfügung steht, steht der Mensch trotzdem immer noch da, wo er vorher war, nämlich bei der Frage: Was ist der Sinn des Lebens, was ist Spiritualität? Spiritualität kann weder gelehrt noch gelernt werden, sie kann ausschließlich gelebt werden.

Für jeden bedeutet dies etwas anderes, und das muss auch so sein. Denn jeder Mensch hat seine individuellen Lebenserfahrungen und somit seine persönliche Lebensansicht. Durch persönliche, innere Erfahrungen und durch die Prägung durch die jeweilige Religion entwickeln sich bestimmte Erkenntnisse, Vorstellungen und Lebenskonzepte. Wir werden aber letztendlich feststellen, dass wir trotz vieler kultureller und religiöser Unterschiede eigentlich alle im selben Boot sitzen. So unterschiedlich ist das Gottesbewusstsein nicht, nur die Umsetzung ist kulturell bedingt verschieden. Das Licht, nach dem der Mensch strebt, ist immer dasselbe.

Im spirituellen Leben geht es nicht darum, ein problemloses Leben anzustreben, sondern ein lösungsorientiertes zu leben. Die spirituelle Entwicklung geht stets steigend voran, und zwar immer einige Schritte in der Entwicklung vorwärts, jedoch gibt es auch immer wieder einmal einen Schritt zurück. Darin liegt auch die Entwicklung zum Erfolg. Der Mensch soll seine eigene Resonanz sowie die Zusammenhänge in ihrer Ganzheit erkennen. Er ist nicht auf der Erde, um keine Probleme zu haben, sondern um sie in Liebe zu lösen. Viele machen sich fälschlich deshalb auf den spirituellen Weg, weil sie dahinter ein Leben in absoluter Liebe ohne Probleme erhoffen. Doch bei dieser Erwartungshaltung wird oft vergessen, dass der Mensch hier auf Erden in der Polarität lebt. Wenn er sich seiner

Angst stellt, aus der die Probleme entstehen, so ist er in der Lage, sich konsequent zur Liebe zu entwickeln.

Das Prinzip von Harmonie und Anziehung

Während unseres Seins auf dieser Erde unterliegen wir gewissen Gesetzmäßigkeiten. Den größten Einfluss haben das Gesetz der Polarität und das Gesetz der Resonanz. Unsere unsterbliche Seele, die schon viele Inkarnationen durchgemacht und daraus viele Erfahrungen gesammelt hat, ist nun nach ihrem Aufenthalt in den geistigen Welten und ihren dort gemachten Erfahrungen erneut auf dieser Erde angetreten. Sie ist auf der Erde, um sich in der Materie, im Austausch mit den Mitmenschen, in der Resonanz und in der Liebesfähigkeit wahrzunehmen und weiterzuentwickeln. Wir können im Himmel die schönste Energie, das schönste Licht sein, aber wir können uns dort nicht wahrnehmen, denn wir leben dort als Seele in reiner Emotion. Um uns wahrzunehmen, müssen wir deshalb immer wieder unsere Erfahrung in der Materie machen, in einem materiellen Körper, in der Einheit von Körper, Seele und Geist.

So wie die asiatische Lehre die Polaritäten mit Yin und Yang beschreibt, wo auch das Yin einen Yang-Anteil und das Yang einen Yin-Anteil besitzt, so gibt es nichts auf der Welt, was nicht den polaren Prinzipien unterworfen wäre. So kann der Tag nicht ohne die Nacht, die Liebe nicht ohne die Angst, das Gute nicht ohne das Böse, das Männliche nicht ohne das Weibliche existieren. Hierfür gibt es unendlich viele Beispiele, da die Polarität in allem vorhanden ist. Der allseits vorhandenen Polarität kann niemand entfliehen. Es gibt sicherlich Menschen, die deshalb den ganzen Tag in tiefer meditativer Versenkung verbringen, aber dies kann nicht unsere Aufgabe im irdischen Leben sein, denn in einem solch ähnlichen Zustand waren wir lange Zeit während unseres Aufenthalts in den geistigen Welten, jenseits von Raum und Zeit. Hier auf Erden, in der Materie, sollen wir uns stark und mutig, mit Freude und Liebe ins Abenteuer Leben stürzen. Wir sollen stets versuchen, den Sinn hinter allem zu erkennen, wir sollen das Zünglein an der Waage zwischen den Polaritäten im Gleichgewicht halten und immer einen lichtvollen Weg einschlagen.

Über das Prinzip der Resonanz begegnen wir im Außen vermehrt dem, was wir im Inneren als Wahrheit tragen, was wir überwiegend bewusst oder unbewusst denken und nach außen abstrahlen. Deswegen ist es so wichtig, dass wir in Achtsamkeit nach innen unseren vorherrschenden Gedanken lauschen, denn jeder Gedanke ist ein Baustein am künftigen Schicksal. Was immer wir denken, geht mit seinesgleichen in Resonanz, denn jeder Gedanke ist ein elektromagnetisches Signal, und Gleiches zieht Gleiches an.

Alle Fragen entstehen aus der Angst, und alle Antworten sind in der Selbstliebe zu finden. Wir sind frei in jedem Augenblick. Es gibt innere und äußere Freiheit, und es gibt einen freien Willen. Die äußere Freiheit ist in unserer Gesellschaft unbestritten, und die innere liegt in unserer Macht. Fragen wir uns, wenn wir im Zweifel sind, woran wir im Herzen wirklich glauben: an die Liebe und das Licht oder eher an die Angst und Dunkelheit? Wir haben stets die Freiheit, uns zu entscheiden.

In Liebe werden wir unseren Weg finden. Liebe ist ein Zustand der inneren Stimmigkeit, in der man seine Überzeugungen ehrlich, taktvoll und konsequent vertreten kann und dabei stets auf sein Herz hört. Nur in der Liebe sind die Freiheit und die Wahrheit. Deshalb sollten wir nur stets dem folgen, was uns im Inneren friedvoll stimmt, so werden wir wissen, was für uns richtig ist.

Erlösen wir unsere Blockierungen und Hindernisse im Inneren, so können sie sich auch im Außen und in den mit uns schwingenden Menschen lösen. Liebe macht ein friedvolles und glückliches Zusammenleben möglich, die geistige Hilfe festigt es. Durch unsere Liebe und durch unser authentisches Sein und Verhalten können wir unsere Mitmenschen in ihrem Wesenskern erreichen. Über Resonanz und Vertrauen werden es andere von uns übernehmen, weil wir »freilassend« sind und sie nicht missionieren. Leben wir unseren inneren Ruf des Lebenssinns, und lassen wir anderen die Freiheit, es auch zu tun.

Gott befindet sich außerhalb dieser Polarität. Nur Gott hat keinen Gegenpol. Die reine göttliche Liebe verhält sich dann ebenso. Liebe ist immer lichtvoll und freilassend, und wenn sie in ihrer allerhöchsten Form in Erscheinung tritt, kann sie die Polaritäten in sich überwinden.

Das innere Kind und die Entstehung falscher Glaubenssätze

Dies soll weder ein Psychologiebuch sein, noch möchte ich psychologische Ratschläge geben. Ich möchte lediglich kurz darstellen, was die möglichen Ursachen sind von Depressionen, Erfolglosigkeit, mangelndem Glück, Hilflosigkeit, Problemen in Beruf und Partnerschaft und anderen Schwierigkeiten im Leben.

Unter dem »inneren Kind« versteht man die unbewusste frühkindliche Programmierung, die wir in der Regel zeitlebens als »Wahrheit« ansehen und die als Matrix unser Leben bestimmt.

Nach der Konzeption beginnt im Mutterleib, ein kleiner

Mensch heranzuwachsen. Die Seele tritt hinein, der Geist folgt im dritten Schwangerschaftsmonat, und mit ihm legt sich auch der Schleier des Vergessens über das Wesen. Dies bedeutet, dass das sogenannte dritte Auge nun verschlossen ist, die Rückbesinnung an das Vergangene schwindet – der entstehende Mensch kann sich nun ganz auf die neue Inkarnation einlassen. Er verbindet sich ganz mit der Mutter und ihren Emotionen. Er wird vom »ich« zum »wir«. Sind die Gefühle der Mutter gegenüber dem werdenden Leben lichtvoll und liebevoll und ist sie in freudiger Erwartung, so wird das Kind einen lichtvollen Start in das neue Erdenleben haben und sich willkommen fühlen. Sind aber vonseiten der Mutter Ängste da oder erwartete die Mutter ein anderes Geschlecht, ist sie sogar ablehnend gegenüber dem werdenden Leben, so kann sich das Kind nicht willkommen fühlen. Denn es spürt bereits früh, dass es so, wie es ist, nicht vollkommen ist. Hier wäre also bereits eine erste ungünstige Konditionierung gesetzt.

Nachdem der kleine Mensch nach seiner Geburt auf der Erde angekommen ist, ist seine Seele nun in einem hilflosen Körper gefangen. Noch im Mutterleib war, sofern alles normal verlief, alles warm, das Licht war gedämpft, und das Wesen war mit allem versorgt, es gab keinerlei Bedürfnisse und keinen Mangel. Doch jetzt nach der Geburt entstehen Bedürfnisse, Hunger stellt sich ein, die Sehnsucht nach Nähe und Geborgenheit, nach Wärme und trockener Kleidung und nach vielem anderen mehr. Und das Kind begreift sehr schnell, dass es zur Befriedigung all dieser Bedürfnisse, die überlebensnotwendig sind, auf die Hilfe anderer Menschen angewiesen ist. Hier beginnt die Prägung des Ichs in dieser neuen Inkarnation. Die Aufgabe des Unterbewusstseins besteht vorwiegend darin, das Überleben zu sichern, und die erste Erkenntnis wird nun sein: Ich bin schwach und hilflos, mein Überleben ist nur möglich, wenn sich jemand um mich sorgt.

Das Kind ist reine Empfindung, besitzt nur ein Entweder-oder-Denken und ist also zum Überleben vollkommen angewiesen auf die Versorgung von erwachsenen Menschen, in den meisten Fällen sind dies die Eltern. Die versorgenden Menschen beginnen bald damit, dem Kind aufzuzeigen, dass manche Dinge, die das Kind tut, ihnen gefallen, andere dagegen missfallen, und dann beginnen sie auch damit, gewisse Dinge zu erwarten. Ihr Übriges tun Sätze wie »Stell dich nicht so an« oder »Reiß dich zusammen«.

Das Unterbewusstsein weiß, dass der kleine Mensch nicht überleben kann, wenn die Eltern sich von ihm abwenden. Es lässt ihn deshalb alles tun, was diese von ihm verlangen. Und dieses Programm ist beim späteren erwachsenen Menschen noch so aktiv wie damals, auch wenn es in der Zwischenzeit mehrfach von positiveren Erfahrungen überlagert wurde. Aus den frühkindlichen Erfahrungen und Wahrnehmungen entsteht eine Programmierung, die den Menschen zeitlebens unbewusst steuert und an die er glaubt. Dies bedeutet: Jeder von uns lebt nach einer Software, die von anderen programmiert wurde. Hier einige banale Beispiele: Jedes Kind springt mit Begeisterung auf einem Bett herum und fühlt sich dabei innerlich frei. Kommt nun ein Erwachsener, vielleicht schon zum wiederholten Mal, ins Zimmer und sagt mit rüdem Ton: »Runter vom Bett, es geht kaputt«, kann das Kind dieses Signal nur über die Emotion aufnehmen. Es wird mental nicht verstehen, dass etwas kaputtgeht. Und das emotionale Signal lautet: »Du sollst dich nicht frei fühlen (!), denn wenn du dich frei fühlst, wird man dich nicht mehr lieben, dich nicht mehr versorgen, und du kannst nicht überleben.« Ähnlich geht es einem Kind, das sich freut, dabei hüpft und schreit und daraufhin zur Ruhe gemahnt wird, oder einem Kind, das gelobt wird, weil es lange Zeit ruhig war, während die Erwachsenen sich unterhielten. Hier wird das emotionale Signal dann lauten: »Wenn du weiterhin versorgt werden und überleben willst, darfst du dich nicht freuen.« So gibt es eine Vielzahl von prägenden Erlebnissen, die das Unterbewusstsein speichert; dabei ist es eigentlich unser Freund und möchte uns stets am Leben halten. Aber durch solche Fehlprogrammierungen lernen wir, angepasst zu leben, auf Freiheiten und Freuden zu verzichten, da dies unser nach Liebe und Anerkennung schreiendes Unterbewusstsein befriedigt und scheinbar unser Überleben sichert. Sie können jetzt vielleicht verstehen, warum es manchmal so viel Anstrengung erfordert, einen kleinen Schritt aus der Programmierung herauszugehen.

Oft gibt es tief im Inneren immer noch den Gedanken: »Ich kann nicht für mich selbst sorgen. Deshalb muss ich angepasst sein, deshalb ist es entscheidend, was andere von mir denken, deshalb muss ich andere beeindrucken.«

Bereits in den ersten Lebensjahren haben wir alle wichtigen Emotionen erlebt, zum Beispiel wie es sich anfühlt, geliebt oder abgelehnt zu werden, sich einsam zu fühlen, und wir haben erlebt, introvertiert oder extrovertiert zu reagieren, uns aggressiv oder passiv zu verhalten. Dies prägte die Sichtweise des Lebens, den Umgang mit uns selbst und den Mitmenschen. Wir bauten uns einen Schutzwall auf und entwickelten Strategien. Wir bauten Kontrollmechanismen auf, versuchten zu manipulieren, und dies alles nur aus der frühkindlichen Furcht, nicht selbständig für unser Überleben sorgen zu können, und um anderen zu gefallen.

Zu diesen frühkindlichen Programmen kamen im Laufe des Lebens noch weitere hinzu. Sie alle lagerten sich auf die alten Programme und Konditionierungen auf. Dies bedeutet, dass sich unsere grundlegende Einstellung zu uns, zu den anderen Menschen, unsere Weltsicht bereits im kindlichen Alter herausgebildet hat und sich seither auf der unbewussten Ebene nicht viel geändert hat. Die gesamte frühkindliche Programmierung ist nun im Unterbewusstsein gespeichert, also in jenem Teil unseres Selbst, der uns nicht bewusst ist, aber den allergrößten Anteil an unserer Psyche hat.

Das Unterbewusstsein macht keinen Unterschied zwischen Gegenwart und Vergangenheit, zwischen Realität und Phantasie.

Die Erinnerung entspricht niemals der Wirklichkeit. Da wir uns aber damit schwer tun, mit Achtsamkeit im Hier und Jetzt zu leben, planen wir meist unsere Zukunft aus den Mustern der Vergangenheit und weichen somit der Gegenwart aus.

Alle Erlebnisse und Erfahrungen werden in uns in Bildersprache abgespeichert. Man kann sich das vereinfacht so vorstellen, dass alle durchlaufenen Emotionen in uns als Bilder oder Kurzfilme abgelegt sind. Daraus ist im Laufe unseres Lebens eine gigantische Sammlung virtueller Bilder entstanden. Und aus dieser Sammlung sind wiederum unzählige Filme und Filmfragmente entstanden, die ständig in mehreren Ebenen in uns ablaufen. Zum besseren Verständnis kann man sich dies auch so vorstellen, dass in einem riesigen multimedialen Kinosaal auf vielen Leinwänden gleichzeitig diese unterschiedlichen Filme ablaufen. Für das Unterbewusstsein ist diese Multimediaschau wirklichkeitsnaher als das reale Leben, denn diese Filme sind ihm vertraut, es glaubt an sie, weil es sie kennt, seit es sie gibt. Es spult sie pausenlos ab und erlebt sie immer wieder aufs Neue.

Unser Gehirn ist ein unvorstellbar riesiger Computer. Dieser Computer lebt uns, und wir glauben, es sei unsere Wahrheit. Aber dieser Computer wurde nicht von uns selbst, sondern von außen programmiert. So ist in uns ein »Raster« entstanden, durch das wir alles filtern, was wir hören, sehen, lesen oder erleben. Hieraus entsteht unsere Vorstellung von Wahrheit, Annahme und Ablehnung, Sympathie und Antipathie, Glück und Unglück, Liebe und Angst, Erfolg und Versagen und vieles andere mehr.

Die abgespeicherten Muster und Programme, die sich aus den früheren Gefühlen zusammensetzen, sind im Kern primitiv und unlogisch, denn sie entstanden, als man noch ein bedürftiges und sich verletzt fühlendes Kind war und das Mentale und Emotionale nicht differenzieren konnte. Als einfache Programme boten sie eine Möglichkeit zu überleben. Nun sind sie zu einem Filter geworden, den alle Erlebnisse passieren müssen. Dies erklärt, warum so viele von uns nicht von ihren Fehlern lernen können.

Der wirklichen Wahrheit kommen wir erst näher, wenn wir in der Lage sind, die Ursache und Macht dieser Gedankenbeeinflussung im Ursprung zu erkennen und durch Achtsamkeit unserer Gedanken uns immer mehr den realen Gegebenheiten im Hier und Jetzt zuzuwenden. Wir können dies nur schaffen, wenn wir aufhören, unsere alten Filme für die Wirklichkeit zu halten, und ihnen keine Energie mehr geben.

Wenn wir denken, dann denken wir meist nur, dass wir denken. Das sogenannte »Denken« ist nämlich meist nicht sehr produktiv und zielgerichtet, da es gewöhnlich aus nicht zu Ende gedachten Gedanken, Gedankenfragmenten und Gedankensprüngen mit Unterbrechungen besteht. So tragen wir Probleme, die einer Lösung bedürfen, oftmals eine sehr lange Zeit mit uns, ohne sie wirklich einer endgültigen Klärung oder Lösung zuzuführen. So spuken diese Gedankenfetzen ständig in unserem Kopf herum, verwirren uns und kosten enorme Energie. Das kann zu Unzufriedenheit und zu Krankheiten wie Burn-out, Depression oder Schlafstörungen führen.

Seien Sie deshalb umso mehr bemüht, auf Ihre Gedanken zu achten. Üben Sie Achtsamkeit, um verstärkt die Gegenwart wahrzunehmen. Bringen Sie Ruhe in Ihre Gedanken durch Selbstannahme und tiefen Atem. Das innige Gefühl tiefer Dankbarkeit und Demut wird diesen Prozess unterstützen.

Erkennen Sie, dass Sie von Kindesbeinen an von den Eltern und der Gesellschaft gelernt haben, wie Sie sich zu verhalten haben. Sie lernten, dass Glück, Zufriedenheit und seelisches Wohlbefinden in erster Linie von Äußerlichkeiten wie Geld, Aussehen, Erfolg und Anerkennung abhängig sind. Sie lernten auch, sich mit anderen zu messen und zu vergleichen. Und wenn wir bei den Vergleichen schlecht abschneiden, halten wir uns sehr schnell für minderwertig, weil wir glauben, dass es viel wichtiger ist, was andere über uns denken, als das, wie wir uns selbst sehen.

Erkennen Sie jetzt, dass Sie all diese Muster nicht mehr brauchen, erkennen Sie, dass Ihr Überleben nicht von anderen und deren Meinung abhängt. Erkennen Sie stattdessen Ihr lichtvolles, liebevolles, göttliches Wesen, und erkennen Sie, dass durch Ihre Herzenswärme und Ihre geistige Anbindung die lichtvolle Hilfe des Himmels zur Verfügung steht. Spüren Sie die Liebe, die Ihnen aus dieser Verbindung zufließt, und lieben Sie sich vor allem selbst.

Ein heranwachsender Mensch braucht vorbehaltlos Liebe, Lob und Anerkennung, braucht das Wohlwollen der Erwachsenen, die seine Einzigartigkeit spiegeln, sonst hat das Kind keine Möglichkeit, seine wahre Identität zu erfahren. Jeder von uns war zuerst ein »Wir«, bevor er ein »Ich« wurde. Wir alle brauchten Eltern, über deren Reflexion wir alle Teile unseres Selbst erkennen konnten. Wir brauchten die Gewissheit, dass wir liebenswert sind, dass wir wichtig sind, dass man uns ernst nahm. Wir mussten uns von Herzen angenommen fühlen und uns auf die Liebe derjenigen verlassen können, die wir brauchten. Das waren unsere gesunden narzisstischen Bedürfnisse. Wenn sie nicht befriedigt wurden, entstand in unserer Gefühlswelt ein Schaden.

Eines der wichtigsten Dinge, die ein Mensch in seinem Leben lernen muss, ist es, anderen vertrauen zu können, zu erfahren, dass er sich auf seine Eltern und die Außenwelt verlassen kann. Denn wenn wir der Welt vertrauen können, dann können wir auch uns selbst vertrauen. Selbstvertrauen bedeutet, dass man seinem Können, seinen Kräften, seinen Wahrnehmungen und Deutungen, seinen Gefühlen und auch seinen Wünschen vertraut. Wenn auf das vertrauensvolle Verhalten der Bezugspersonen dagegen kein vollkommener Verlass ist, entwickelt das Kind zunehmend ein Gefühl des Misstrauens. Die Welt erscheint ihm unberechenbar, vielleicht sogar feindselig und gefährlich. Das Kind befindet sich dann in einer ständigen Habachthaltung und versucht, die Situation unter Kontrolle zu halten. Als erwachsener Mensch glaubt er immer noch, dass, wenn er alles unter Kontrolle hat, ihn niemand überraschen und verletzen kann. Dies kann dann auch bis zum Kontrollzwang führen. Es gibt viele solcher emotionalen Störungen und Irritationen, dazu gehören auch Schocks, wie zum Beispiel der frühe Tod der Eltern.

Zusammengefasst lässt sich sagen: Die falschen Muster, die es in so vielfältigen Facetten gibt und die uns von Glück, Erfolg und inniger Partnerschaft abhalten können, haben ihren Ursprung meist in einer Zeit, an die wir keine bewusste Erinnerung mehr haben.

Blockierte Gefühle aus der Vergangenheit richten sich dann häufig gegen die eigene Person. Kinder, die ihre Enttäuschung und ihre Wut nicht zeigen durften, tendieren im Erwachsenenalter oftmals zu Apathie und Depression, teilweise auch zu Aggression, vor allem, wenn sie eine Machtposition erklimmen. Seelische Energie, die sich nach innen richtet, kann schwere psychische wie auch körperliche Beschwerden verursachen. Viele Menschen können wegen früher Verletzungen und Übergriffe ihre Einmaligkeit, Schönheit, Liebeswürdigkeit und Eigenliebe nicht mehr vollumfänglich wahrnehmen oder lehnen sich teilweise oder sogar ganz ab. Da sie sich dann ihre Liebe, Anerkennung und Sicherheit nicht mehr selbst geben können, müssen sie sie ständig im Außen suchen. Es ist leicht nachvollziehbar, dass dies zu innerem Dauerstress führt und dass dies die geistige Anbindung, die Liebe im Herzen, Vertrauen und auch Glück und Erfolg nicht positiv unterstützen kann.

All diese emotionalen Störungen sind tief in dem Unterbewusstsein des Menschen gespeichert, und dies, ohne dass er sich dessen bewusst ist. Die falschen Konditionierungen haben eine große Macht, da wir uns an sie gewöhnt haben und als unsere Wahrheit ansehen. Wir lassen sie an unserem Leben teilhaben, mehr noch, wir lassen unser Leben, unseren Alltag und unseren Gemütszustand vorherrschend von ihnen bestimmen, selbst wenn wir bewusst ein anderes Leben führen wollen. Bewusstsein und Unterbewusstsein arbeiten nicht im Einklang. Bei jeder guten Entscheidung dagegen, die spontan aus dem Herzen gefällt wird, stimmen immer Bewusstsein und Unterbewusstsein überein.

Sagt jemand zu einem Menschen mit geringer Selbstwertschätzung, dass er doch in Wirklichkeit wunderbar, schön, liebenswert sei und noch andere aufbauende Dinge, dann kann es durchaus vorkommen, dass dieser sich für eine gewisse Zeit besser fühlt und ein besseres Selbstbild von sich hat. Leider schlägt in den meisten Fällen dann das Unterbewusstsein sehr schnell wieder zu und dominiert erneut dieses positive Selbstbild.

Denn was nützt es mir, wenn mir jemand sagt, wie toll ich bin, oder ich mir täglich entsprechende Affirmationen vorsage, wenn gleichzeitig in meinem Kopf dauerhaft ein Programm läuft wie »Ich bin mir nichts wert«, »Andere sind besser« oder »Ich schaffe es nicht«. Was können also Affirmationen, mit denen man sich einredet, man sei toll und erfolgreich, bewirken gegen das vom Unterbewusstsein ständig abgespulte Programm, das in einem Dauerfeuer das negative Selbstbild projiziert.

Ich empfehle, sich in solchen Fällen durch das Studium der geistigen Welten Erkenntnisse und Klarheit über die Zusammenhänge von Mensch und Himmel, über Gott und seine geistigen Helfer zu verschaffen, um dann über das Wissen, frei von falschen Dogmen, den lichtvollen Zugang zu den geistigen Welten und sich selbst zu finden. Der Menschen größte Angst ist die Angst vor dem Tod. Die zweitgrößte Angst ist die Angst vor den positiven Emotionen, da sie eine innere Öffnung der Herzensenergie, das Loslassen der blockierten Seelenanteile und Verzicht auf aufgebaute Schutzwälle, die uns vor Verletzungen schützen sollten, bedeutet. Packen wir es an, und streben wir über das zunehmende Vertrauen zu uns und in die geistige Welt einer licht- und liebevollen Zukunft entgegen. Je freier wir werden, desto mehr wird das Prinzip des Resonanzgesetzes für uns arbeiten. Freuen Sie sich von ganzem Herzen auf das Ernten der Früchte.

Bitten Sie die geistige Welt um Unterstützung, und wenn Sie möchten, führen Sie dafür die nachfolgende Meditation aus.

Meditation zum Loslassen der alten Muster:

Setzen Sie sich bequem hin, und atmen Sie tief über den Bauch ein und aus. Atmen Sie immer tiefer, und halten Sie nach dem Einatmen wie auch nach dem Ausatmen jeweils für einige Sekunden den Atem an. Kommen Sie immer tiefer in sich an.

Lassen Sie Ihre Gedanken mehr und mehr zur Ruhe kommen. Ihre Konzentration bleibt dabei auf den Atem gerichtet. Beobachten Sie, welche Gedanken noch da sind und nicht zur Ruhe kommen möchten. Erkennen Sie, dass es sich um Gedankenfragmente längst vergangener Zeit handelt, die keine wirkliche Rolle mehr in Ihrem Leben spielen. Seien Sie nun ein neutraler Beobachter, und lassen Sie die Gedanken aufsteigen und vorbeiziehen, ohne sie zu bewerten, und geben Sie keine Energie hinein. Achten Sie dabei weiterhin immer auf Ihren tiefen und ruhigen Atem. Stellen Sie sich vor, Sie sitzen an einem Strand, und über dem Meer geht eine goldene Sonne auf. Lassen Sie ihre wärmenden Strahlen in Ihr Herz, und erkennen Sie, was für ein wunderbarer Mensch Sie sind.

Spüren Sie die wärmende Liebe in Ihrem Herzen, verspüren Sie Dankbarkeit für Ihr Leben. Bitten Sie die geistige Welt durch ein inneres Gebet um Mithilfe beim Loslassen und Umwandeln der blockierenden Muster. Lächeln Sie sich innerlich an und spüren Sie, was für ein wunderbarer, vollwertiger, liebenswerter und erwachsener Mensch Sie sind, der selbst für sich sorgen kann und sich nicht mehr von überholten kindlichen Überlebensstrategien leiten lassen muss.

Nehmen Sie sich in einem entspannten und glücklichen Zustand wahr, und wenn Sie dazu bereit sind, dann kommen Sie wieder in das reale Leben zurück.

Achten Sie von jetzt an immer auf einen ruhigen Atem und auf positive Gedanken, denn so erzeugen Sie positive Gefühle.

Angst und Liebe

Die meisten Menschen lassen ihr Leben bestimmen von Zweifel und Angst. Und genau hier gilt vordergründig der Spruch »Euch geschehe nach eurem Glauben« (Matthäus 9, 29). Die meisten Menschen möchten glücklich, gesund, schön und reich sein. Viele sind jedoch durch ihr Unterbewusstsein so blockiert, dass sie sich selbst so nicht sehen können, und ihre Denkmuster dienen nicht dazu, etwas in diese Richtung zu verändern.

Für jede Veränderung benötigt man großes Vertrauen zu sich, in die Welt und in die geistige Führung. Loslassen bedeutet ja auch, sich auf Neues einzulassen, und dies macht vielen Menschen zunächst Angst. Die eigenen Muster und Blockaden vermitteln dem Menschen eine scheinbare Sicherheit. Auch wenn die damit verbundenen Verhaltensmuster ihn unglücklich machen, so sind sie ihm doch vertraut. Sie loszulassen und sich in die innere Stabilität und in die eigene Verantwortung zu begeben erfordert Mut und Vertrauen in die Schöpfung, Erkenntnis und Weisheit.

Es gibt eine notwendige, eine »gesunde« Form der Angst, nämlich ein Gefühl, das uns dazu veranlasst, für unser Überleben zu sorgen. Es gibt auch eine ungesunde Form der Angst, nämlich Angst vor Ablehnung, Fehlern, Leben und Tod usw. Vordergründig sollte der Mensch sich vor Augen führen, dass wenn er Ablehnung erfährt oder »Fehler« begeht, sein Überleben deswegen nicht in Gefahr ist! Und genau deshalb sollte der Mensch diese Form der Angst in Liebe und Vertrauen verwandeln, um sich in der göttlichen Wahrheit und dem wahren Lebenssinn der Liebe zu erfahren. Er sollte herausgehen aus der Resonanz der unberechtigten Furcht, die wiederum in der Wiederholung ähnliche Ereignisse anzieht, er sollte sich aufrichten zum Licht und in Würde erstrahlen. In dieser liebevollen inneren Haltung ist er stets allem gewachsen. Die Macht, jederzeit sich und sein Leben zu verändern, hat der Mensch in seinem freien Willen. Dies muss nur deutlich erkannt und produktiv aus tiefstem Herzen genutzt werden. Der freie Wille ist ein Geschenk Gottes, das den Menschen dazu befähigt, sich jederzeit frei für oder gegen die Angst und für die Liebe zu entscheiden. Angst gibt uns das Gefühl, einsam und von Gott getrennt zu sein. Liebe ist lichtvoll, kann alles durchdringen, gibt uns Vertrauen und lässt uns Gottes Gegenwart spüren.

Der Mensch kann zwar nicht immer bestimmen, was auf ihn zukommt, weil dies von mehreren Beteiligten abhängt, jedoch ist er stets frei zu bestimmen, wie und mit welchem Bewusstsein und Vertrauen er allem begegnet. Diese innere Kraft ermöglicht eigene Authentizität und die Fähigkeit, die eigene innere Wahrheit leben zu können.

Ist der Mensch in seiner inneren Besinnung, das heißt, seine Gedanken sind klar, seine Emotionen liebevoll, sein Handeln ruhig und aufmerksam, so ist er wie eine Lichtsäule aufgerichtet zwischen Himmel und Erde und verbunden mit den geistigen, himmlischen Kräften. Es ist einleuchtend, dass diese Anbindung, sein konsequenter Glaube an das Gute und die Reinheit seines Anliegens, ihn sensibel, stark und auch erfolgreich machen.

Für die Erfüllung des Lebenssinns sind die geistige Anbindung und die Verbindung zum Schutzengel unerlässlich, sonst läuft man Gefahr, am Wesentlichen vorbeizuleben. Die geistige Anbindung kann vom Menschen vollkommen blockiert werden, wenn er sie ablehnt und wenn er nur an die Materie glaubt, Gott und die geistigen Welten leugnet und/oder wenn der Mensch sich selbst ablehnt oder auch vorwiegend negatives und ablehnendes Gedankengut pflegt.

Der Mensch sollte wissen, dass die geistige Verbindung immerzu vorhanden ist; er kann sich jederzeit in sie einklinken und sie jederzeit halten. Die Verbindung ist tatsächlich allzeit vorhanden und jedem zugänglich, unabhängig von den Höhen und Tiefen des Lebens. Wir leben alle unter demselben Himmel, und somit ist die geistige Anbindung nicht nur für einige wenige reserviert, sondern für alle schon vorhanden. Die Frage ist also nicht, ob sie existiert, sondern vielmehr, wie wir sie nutzen können. Die geistige Anbindung ist die Gewissheit, mit den höheren Lichtsphären der göttlichen Allmacht verbunden zu sein. Sie ist ein Lichtfluss zwischen Menschen und Himmelskräften, der sich verstärkt, wenn wir in reiner Absicht, Freude und Urvertrauen im Herzen lächeln und die Bereitschaft spüren, uns in unserer Individualität der Intuition, der Herzenssprache und dem Leben zu öffnen. Dann schwingt unsere Liebes- und Herzensenergie mit den lichtvollen Kräften. Das Göttliche kann uns der Weisheit näher bringen und uns den Umgang mit dem Leben lehren. Wir können im privaten wie im beruflichen Leben selbstsicherer in unseren Entscheidungen und dadurch erfolgreicher sein. Wir selbst können unser Leben glücklicher und lichtvoller gestalten.

Glück muss nicht bedeuten,
dass alles perfekt ist, sondern dass
wir das Unvollkommene auch akzeptieren.

6. Die Absicht des Glücks und Erfolgs

Glück entsteht über die Erfüllung individueller Bedürfnisse, während ein oberflächlicher Wunsch immer einen anderen Wunsch nach sich zieht und gesellschaftlich geprägt ist. Solche Art von Wünschen sind niemals vollkommen zu stillen und führen auch oft ins Unglück. Glück ist, in der Gegenwart Zufriedenheit zu verspüren, in allem, was ist. Dafür ist Frieden mit der Vergangenheit vonnöten. Erfolg auf allen Ebenen bedeutet, seinem eigenen Seelenplan nahe zu kommen, noch besser, ihm gar folgen zu können. Die wichtigsten Erfolgsformeln im spirituellen Bewusstsein sind die Berufung, das Erkennen und das Verfolgen der geistigen Führung und die innere Hingabe. Demut, als Kraft des allgegenwärtigen Bewusstseins, ist der Leitfaden für Glück und Erfolg. Erfolg stellt sich ein, wenn alle Sinne im Urvertrauen auf ein Ziel gerichtet sind. Deshalb ist es so wichtig, achtsam in der Gegenwart zu leben mit nach vorn gerichtetem Blick und stets das Licht am Ende des Tunnels zu erkennen, ganz gleich, in welcher Situation man sich befindet.

Achten Sie bei Ihren Zielen darauf, dass sie immer im Einklang mit Ihren Bedürfnissen stehen, mit Ihren Bedürfnissen wie Liebe, Vertrauen, Herzensöffnung, Ernährung, Heimat und Nähe. Unterscheiden Sie das Wahre von ablenkenden und unglücklich machenden Wünschen. Sie können alles leicht erreichen, was für Sie und Ihren Seelenplan wichtig ist, denn bei allen tiefen Herzensbedürfnissen erhalten Sie Unterstützung aus der geistigen Welt. Achten Sie in Ihrer täglichen Selbstwahrnehmung bewusst auf Ihre verborgenen Glaubenssätze, die unterschwellig Ihre Weltansicht beeinflussen, und öffnen Sie sich immer mehr einer liebevollen Betrachtungsweise der Dinge. So können Sie sich auf Ihre Stärken und auf das Wesentliche in Ihrem Leben besinnen, und diese Besinnung wird zum Erfolg führen, denn sie zeigt Ihnen den Weg. Auch hier ist wie immer der Weg das Ziel. Wie Clärchen in Goethes *Egmont* sagte:

»Himmelhoch jauchzend, zu Tode betrübt – glücklich allein ist die Seele, die liebt.«

Wer Vergnügen an seinem Tun hat, wird eher Erfolg anziehen. Erfolg und Freunde stärken den Menschen und schenken ihm Sicherheit, dies zeigt sich dann auch wieder im Umgang mit den Mitmenschen. Achten wir auf positive und liebevolle Herzenseigenschaften und Gedanken und handeln danach. Diese Eigenschaften, gepaart mit Dankbarkeit, ziehen das Glück und den Erfolg an, während ein verschlossenes Herz die Fülle abstößt.

Drei Grundregeln für den Erfolg

Den Erfolg machen vor allem drei Grundregeln aus: die Reinheit der Absicht, die individuellen Fähigkeiten und die geistige Führung.

Reinheit der Absicht

Mit der Reinheit der Absicht ist gemeint, dass die eigenen Ziele anderen Menschen nicht schaden dürfen. Wenn diese unseren Mitmenschen gar nutzen, umso sinnvoller sind Ihre Ziele auch für die geistige Welt sowie für andere Menschen und umso mehr lichtvolle Unterstützung werden Sie erhalten. Deshalb fragen Sie sich immer wieder: Nützen meine gesetzten Ziele nicht nur mir, sondern vielleicht auch der ganzen Menschheit? Die Reinheit der Absicht ist für einen langfristigen Erfolg, der aus der geistigen Welt Unterstützung finden soll, unverzichtbar. Seien Sie stets auch an anderen Menschen und ihrem Wohlergehen interessiert, denn wir sind alle mit allem verbunden, und Ihre Ziele werden sich gut entwickeln. Dann wird das Leben leichter werden, weil in Ihnen kein Widerstand den Fluss der Entwicklung unterbricht. Glauben Sie an sich und Ihre Vorhaben.

Individuelle Fähigkeiten

Mit individuellen Fähigkeiten sind ganz persönliche Stärken und Talente gemeint. Denn je mehr Sie über Ihre Stärken Bescheid wissen, umso besser können Sie diese einsetzen und sich auf das Wesentliche konzentrieren. Eine gesunde Selbsteinschätzung und somit ein gesundes Selbstwertgefühl ziehen den Erfolg an. Dagegen können Selbstunterschätzung wie auch Selbstüberschätzung einen immer auf Irrwege führen. Sie lassen den Menschen durch ein falsches Ego und falsche Wünsche der Liebe und Anerkennung im Außen nachjagen und führen somit eher zu Verblendung anstatt zu Klarheit. Betrachten Sie achtsam Ihre bisherige Biographie, dann wird Ihnen schnell bewusst werden, was Ihnen im bisherigen Leben am leichtesten fiel, ohne große Anstrengungen, und was dagegen einen größeren Aufwand benötigte. Lassen Sie sich von niemandem belehren, finden Sie selbst heraus, worauf es für Sie in Ihrem Leben wirklich ankommt, denn was für Sie wichtig ist, kann nur Ihr Herz wissen.

Hören Sie auf Ihr Empfinden, gehen Sie Ihren Bedürfnissen nach, und setzen Sie Prioritäten. Im tiefen Empfinden liegen Erfüllung und Glückseligkeit. Hören Sie auf Ihr Herz, es wird Ihnen den Weg weisen, denn die Stimme des Herzens ist der beste Wegweiser zum Glück. Das Glück ist immer ein individuelles Gefühl, und man kann es nur in sich finden. Genießen Sie und schätzen Sie die Gegenwart, und achten Sie auf alle Chancen, die Ihnen das Leben bietet. Freuen Sie sich auf jeden Tag, und seien Sie stets offen für die Wunder des Lebens. Umarmen Sie das Leben aus vollem Herzen, und es umarmt und beschenkt Sie. Seien Sie allzeit bereit, die sich ergebenden Möglichkeiten zum inneren Wachsen und dem Vorankommen im Außen zu nutzen, auf dem Weg zum erfolgreichen Ziel.

Geistige Führung

Je mehr die ersten beiden Faktoren stimmen, umso eher können Sie sich der geistigen Führung sicher sein. Dann werden Sie diese auch immer intensiver wahrnehmen können und die Engel auf Ihrem Lebensweg mitwirken lassen. Dafür wird es hilfreich sein, jeden Tag den eigenen Lebensweg in meditativer Haltung und Hingabe zu segnen, die eigenen Ziele mit fester Überzeugung in die täglichen Gebete mit einzubeziehen. Des Weiteren sollte man Achtsamkeit gegenüber der eigenen Intuition und Inspiration walten lassen und auch die Synchronizität, die sogenannten sinnvollen Zufälle im Leben beachten. Schenken Sie auch den sensiblen Zeichen der Engel Beachtung, die in liebevollen Begegnungen oder chancenreichen Ereignissen deutlich werden können, und heißen Sie alle lichtvollen Veränderungen mit offenen Armen willkommen.

Gott ist in Ihnen und mit Ihnen, und es ist nur natürlich und entspricht den Lebensaufgaben, dass die Selbstliebe, das Selbstvertrauen und die Selbstwertschätzung immer weiter zunehmen und gedeihen wollen. Denn dies sind elementare und hochrangige Bedürfnisse. Sie können ihre Befriedigung niemals im Außen finden, sondern ausschließlich durch die eigene Harmonie und Weisheit im Inneren. Seien Sie sich Ihres lichtvollen Wesens bewusst, und erleben Sie das täglich aufs Neue, indem Sie immer stiller in sich werden, und lassen Sie das Glück sich so in Ihrem Herzen entfalten. Gehen Sie achtsam mit sich um, nehmen Sie sich bewusst wahr, und empfinden Sie Liebe in sich und zu sich. Diesem hingebungsvollen Gefühl kann man nur in Demut im Inneren begegnen. Je mehr Sie Ihr Herz öffnen, umso intensiver erleben Sie die Glückseligkeit und können erkennen, dass das Loslassen der inneren Spannungen und der Kontrolle Sie auf den Weg bringt, der zum Glück führt. Es geht darum, sich immer auf das Positive und die Liebe zu besinnen und seine Sicherheit durch das Urvertrauen in sich zu finden. Durch diese innere Einstellung wird die Aufmerksamkeit den negativen Betrachtungs- und Verhaltensmustern zunehmend entzogen, und sie können losgelassen und durch liebevollere ersetzt werden. Zu wahrem Frieden und Glück gehört ein Leben in innerer Geborgenheit, mit dem Bewusstsein, dass das Gefühl der Glückseligkeit kein dauerhafter Zustand sein kann. Dieser Lebensqualität gilt es, sich stets zu öffnen, doch Geborgenheit ist die Basis für jegliches Glücksgefühl. Finden Sie deshalb Geborgenheit in allem, in Ihnen,

Ihrer Familie und in einer sinnerfüllten Aufgabe. Seien Sie für die Schönheit in Ihnen, in Ihrem Umfeld und Ihrer Mitmenschen offen, und Sie werden den wundervollen Satz von Sei Shōnagon verstehen und erleben: »Glücklich bin ich, wenn einer glücklich ist, den ich liebe.«

All diese drei Eigenschaften sind die Zutaten für einen lang anhaltenden Erfolg und ein sinnerfülltes und glückliches Leben nach dem Grundsatz »Der Mensch denkt und Gott lenkt«. Denn was ist der Sinn des Lebens? Was ist die Fähigkeit der All-Liebe? Niemand kann vom Intellekt her und wunschorientiert den Sinn des eigenen Lebens bestimmen. Den bestimmt ein größeres Gesamtschicksal – ein Gesetz, das herrscht und führt, zu einer immer sich steigernden, grenzenlosen Befähigung zu Glückseligkeit und Liebe.

Mit immer feinerem, weiserem, lichterem Bewusstsein und zunehmender Weisheit wachsen wir alle in Richtung Liebe und Glück, mag der Schein noch so sehr dagegensprechen. Traurigkeit, Wehmut und Schmerzen, die wir erleiden, entstammen dem Hilferuf der Seele, und wir werden dann immer härter gegen die verborgene Ursache gepresst, damit wir sie endlich erkennen sollen. Der Schmerz soll uns darauf hinweisen, dass wir auf einen Weg geraten sind, aus dem wir wieder heraus müssen. Wer aus tiefster Seele nach dem richtigen und wundervollen Weg sucht, zu dem wird immer himmlische Hilfe kommen und ihn führen; denn es ist eines der tiefsten Gesetze, dass kein echter Ruf unerwidert bleiben kann. Jedem ehrlichte und tiefe Verlangen oder Gebet wird das Erbetene bringen.

Menschen, die vom Aussgeschick verfolgt scheinen, können die anständigsten, die besten und wunderbarsten Menschen sein in ihrer Seele, aber sie sind schwermütig und hartnäckig. Menschen dagegen, denen scheinbar alles gelingt, sind voller Freude und Leichtigkeit im Herzen. Die innere Leichtigkeit ist ein wichtiger Faktor für den Ausdruck der wahren Lebensbejahung. Wo Leid ist, ist Irrtum – wo Schmerz ist, läuft meist etwas falsch, aber Schmerz ist auch der Wegweiser zum Lichtvollen.

Jeder Wunsch, intensiv von Herzen erträumt oder geäußert, bringt das Gewünschte näher, und zwar im Verhältnis zur Intensität des Wunsches. So kann eine Kraft des Willens in Bewegung gesetzt werden, die für den Intellekt unzugänglich ist. In diesem Bewusstsein liegt die natürliche geistige Anbindung. In der Fähigkeit des Menschen, sich mentale Schwingungen von einer licht- und liebevollen Art und die höher schwingenden Frequenzen zum Wohle dienstbar zu machen, liegt das Geheimnis des Seins. Man muss sich an den Gedanken des Glücks, wie an den an Gesundheit, mit allen Fasern des Seins anbinden. Wir sollen immerzu Tag für Tag, Woche für Woche, Monat für Monat, Jahr für Jahr, der eigenen Vorstellung vom erfüllten und glücklichen Sein entgegenträumen, so lange, bis der Traum zur klaren Idee, zur festen Überzeugung geworden ist und unbewusst weiterwirkt.

Aber auch dem Erfolg muss unser Unterbewusstsein erst gewachsen sein. Somit darf das Erfolgreichsein nicht nur einem Wunsch entsprechen, sondern einem selbstverständlichen Bedürfnis, das reine Absichten, inneres Potenzial und somit auch die geistige Führung beinhaltet.

Erfolg wird wiederum Erfolg anziehen. Das bedeutet: Auch bei einer eventuellen beruflichen Neuorientierung sollten keine allzu großen finanziellen Nöte und somit ein unbewusstes Mangelgefühl vorhanden sein. Das Alte wie auch das Neue müssen sich quasi die Waage halten. Es muss Hand in Hand gehen, damit kein bewusster wie auch unbewusster Erwartungsdruck im Inneren entsteht, der die geistige Anbindung und somit den kreativen Fluss verhindern könnte. Man kann keine berufliche Veränderung starten, wenn das andere noch nicht da ist. Finanzielle Sicherheit ist wichtig für das Unterbewusstsein. Dazu gehört wiederum eine gesunde Selbsteinschätzung, innerer Frieden und Urvertrauen zum Leben. Aus dem Vertrauen ins Jetzt entsteht Vertrauen in die Zukunft. Denn unbewusste wie auch bewusste Angst vor dem Erfolg und Misstrauen können sehr blockierend wirken. Selbstsabotageprogramme sind mächtig, deshalb sollte es für jeden eine Selbstverständlichkeit sein, jeden Tag sein Tun auf Freude und Sinnhaftigkeit zu überprüfen, denn die Freude ist der Schlüssel zu der lichtvollen geistigen Welt, ebenso auch zum Erfolg.

Spirituelle Grundwerte des Erfolgs

Es gibt somit wesentliche spirituelle Grundwerte im Leben, die zum erfolgreichen Bewusstsein dazugehören, um Erfolg, Zufriedenheit und Glück stärker und dauerhafter manifestieren zu können. Dazu gehört gelebter Glaube in Form von unterstützenden, lichtvollen und kraftgebenden Gebeten und Segnungen.

Dazu gehört auch, sich in Dankbarkeit mit dem Universum verbunden zu fühlen und täglich in Lebensbejahung, Freude, Bereitschaft und Zuversicht Gott und die Perfektion der Schöpfung zu würdigen. Unerschütterlicher Glaube an das Gute ermöglicht inneres Gleichgewicht und verstärkt stets die positive Lebenseinstellung, Gleichgewicht bedeutet auch Gutes tun und Gutes ernten.

Großzügigkeit und Offenherzigkeit sind Anziehungskräfte für ein erfülltes Leben. Selbstlosigkeit und das Geben, Teilen und Spenden werden in asiatischen Ländern oft als Übung der Liebe und Demut im Diesseits verstanden und ermöglichen das friedvolle Miteinander.

Vertrauen in sich und in die Mitmenschen, Urvertrauen in das Leben, Gott und die himmlische Führung fördern die Kraft, den Mut und die Sicherheit, sich den Dingen zu stellen, wie auch die Chancen, die uns das Leben bietet, anzunehmen.

Liebe zur Natur, zum Planeten Erde, zu Gottes Schöpfung. Die Natur gibt Geborgenheit und vermittelt die Kraft der Gegenwart. Dadurch verstärken sich Inspiration sowie die hohe Form der inneren Kreativität und Intuition. Das bewusste Leben mit der Natur vermittelt wahre, ursprüngliche Werte.

Freude, Lebenslust sind ein Ausdruck der Selbstannahme und Nähe Gottes, die den Zugang zu den höheren Lichtsphären offenbaren und ein sinnerfülltes Leben erst verstärkt ermöglichen.

Spirituelle Besinnung, Toleranz, Annahme und Mitgefühl ermöglichen Gottverständnis und Gotteserfahrung. Dies ist die grundsätzliche und ursprüngliche Basis einer jeden Religion des Friedens und spiritueller Horizonterweiterung. Somit steht Spiritualität und Mitgefühl über Strenge und Dogmatismus.

Spirituelle Werte und reine Absichten zu leben bedeutet, Schöpfer des eigenen Weges zu sein, aktiv und lichtvoll die eigene Realität zu erschaffen, denn dann ist alles, und zwar wirklich alles möglich. Dann herrscht der Geist über die Materie.

Lernen, wachsen, reifen sind natürliche und dauerhafte, von Inkarnation zu Inkarnation fortschreitende Vorgänge, denn ein »Schüler« Gottes lernt in seiner Liebe, Demut und Kraft nie aus, denn das Universum ist um ein Vielfaches größer als das menschliche Erfassungs- und Denkvermögen.

Zu einem harmonischen Leben gehört nicht nur eine liebevolle innere Haltung. Heute geht es auch darum, seine spirituellen Werte im Miteinander zu leben, also in den Alltag zu integrieren. Es geht nicht mehr darum, der Meinung zu sein, etwas aus dem unendlichen, großen Zusammenhang verstanden zu haben oder sich gar als Lehrer oder Guru zu fühlen. Es geht auch nicht darum, sich als »Einsiedler« zu isolieren, sondern in liebevoller Resonanz in der Beziehung zu sich selbst und zu anderen Menschen zu sein. Eine liebevolle Partnerschaft zum Beispiel kann eine große Hilfe sein für den persönlichen wie auch beruflichen Erfolg, genauso kann eine disharmonische Partnerschaft viel Kraft kosten. Wenn man keine Harmonie und Kraft hat für sich, für andere und für seine Tätigkeit, so kann man auch keinen Erfolg anziehen. Harmonie und Tatkraft beflügeln den Erfolg, Disharmonie bringt eher Stagnation in die vorwärtsstrebenden Kräfte.

Somit gehören in jeden Lebensbereich klare Entscheidungen. Entweder ein klares »Ja« oder ein klares »Nein« und keine Halbwahrheiten. Erst wenn im Herzen des Menschen eine eindeutige Entscheidung und somit eine eigene Wahrheit vorhanden ist und erst wenn dabei die Entscheidung und die Wahrheit anderer einbezogen wird, kann jede Form von Beziehung sich licht- und sinnvoll in eine liebevolle Zukunft orientieren. Sagen Sie stets ein ganz klares »Ja« zu sich und zu Ihren Mitmenschen, dann werden Sie befähigt sein, Entwicklungen voranzubringen, die für alle sinn- und lichtvoll sind. Sie dürfen sich von Ihrem Herzen und Ihren Engeln leiten lassen.

Wenn es Ihnen schwerfällt, zu sich selbst ein eindeutiges »Ja« zu sagen, dann könnte auch ein möglicher »Erfolgshemmer« dahinterstecken, der typisch für unsere christliche Prägung ist, nämlich der Schuld- und Sündengedanke. Ich erlebe in meinen Begegnungen oft, dass sich viele

Menschen zwar Erfolg wünschen, sich jedoch fragen, ob sie diesen Wunsch überhaupt haben dürfen, ob sie dann nicht zu einem »Sünder« im christlichen Sinne werden. Wir sollten jedoch solche falschen Glaubensansätze hinterfragen und dabei darauf achten, ob wir innerlich wirklich an einen strafenden Gott glauben oder uns von diesen irdischen Machtkonstrukten vollends befreien sollten, um stattdessen einen liebenden Gott in unserem Herzen zu erfahren. Wir sollten begreifen, dass es keine »Fehler« im herkömmlichen Sinne gibt, wenn wir aus ihnen lernen, und sollten uns dabei bewusst vor Augen halten, dass die christliche Religion von ihren Gläubigern oft Armutsdenken, Armutsgebot und Selbstlosigkeit erwartet hat und zugleich ökonomische Macht errungen und erzwungen hat und oft selbst in einem übermäßigen Reichtum, Prunk und Pracht lebt.

Während es in der strafenden Religion um einen blinden Glauben geht, basiert die Spiritualität auf eigenen Erlebnissen. Das zeigt die Stärke der freien Spiritualität. Spirituelle Menschen können sich sehr gut mit dem Gedanken anfreunden, mit Gott verbunden zu sein, ohne an eine Sünde glauben zu müssen. Die spirituellen Menschen begreifen ihre eigene Resonanz und ihren Beitrag als Mitschöpfer, als Kind Gottes, und sind bereit, bewusst und liebevoll zu leben. Glück ist ein Geburtsrecht, die Entwicklung zur All-Liebe Gottes entspricht unserem Lebenssinn. Somit sollten wir in unserer Liebe jeden Tag immer bewusster aufgehen, aus der inneren Herzensfülle schöpfen und die Fülle im Außen annehmen und ohne schlechtes Gewissen genießen. Es ist wichtig zu begreifen, dass es uns gutgehen darf. Denn wenn es uns gutgeht, so können wir auch anderen Menschen mit unserer Freude und Zuversicht Kraft geben. Leben wir in materieller Fülle, so besitzen wir auch etwas, das wir geben, teilen und schenken können. Somit kann eine

bewusste wie auch unbewusste pessimistische Lebenseinstellung auch eine egoistische sein, denn damit hat man seinen Mitmenschen nichts als eigenen Ballast zu geben und
erschwert mit dieser Energie den Mitmenschen die Freude
an Gottes Schöpfung. Hat man eine optimistische Lebenshaltung, so hat man auch eine freudige soziale Grundhal-
tung und ist ein lichtvoller und aktiver Teil der Gesamtheit.
Treffen Sie alle Entscheidungen aus tiefstem Vertrauen
und aus tiefster Überzeugung. Dabei kann Ihnen Ihre
Intuition helfen, denn Ihr Überbewusstsein kennt jede
Lösung. Wenn Sie sich bewusst machen, dass alle Entscheidungen, die je auf dieser Erde gefällt wurden, alle
Aufgaben, die jemals gelöst wurden, und alles Wissen des
Kosmos in einem kosmischen »Zentralcomputer« gespeichert sind, ist es logischerweise für Sie eine große Hilfe,
wenn Sie sich darin einloggen und sich den Inhalt zunutze
machen können. Dies geschieht über die innere Überzeugung und das unerschütterliche Bewusstsein der geistigen
Anbindung.
Um eine richtige Entscheidung zu treffen, empfehle ich
nachfolgende Übung.

Setzen Sie sich hin, atmen Sie mehrmals tief durch, lassen
Sie Ihre Gedanken zur Ruhe kommen, spüren Sie in Ihrer
Brust den ruhigen Atem, und warten Sie so lange, bis sich
zunehmend eine tiefe Zufriedenheit einstellt.
Dann sprechen Sie Ihre beabsichtigte Entscheidung innerlich und nehmen wahr, ob Ihr positives Empfinden bleibt,
ob Ihr Atem weiterhin tief und leicht fließt. Dann war das
eine absolut stimmige Entscheidung. Sollte Ihr Atem jedoch gehetzter werden und Ihr Herzenslächeln schwerer,
sollten Sie diese Entscheidung nochmals überdenken.

Wenn Ihre Entscheidung etwas mit einem Menschen zu tun hat, dann achten Sie darauf, den Menschen neutral und vorurteilslos hinter seiner eventuell vorgelebten Rolle oder hinter seiner aufgebauten Fassade wahrzunehmen. Spüren Sie immer dessen wahren Wesenskern, bevor Sie eine Entscheidung treffen.

Bedenken Sie auch dabei, dass Sie stets auf die Unterstützung und den Schutz der Engel zählen können. Die Engel sind immer da, aber wir selbst müssen sie vom Herzen in unsere Projekte miteinbeziehen. Nur wenn der Mensch sich bewusst wie auch unbewusst für die Angst oder für die Ablehnung der geistigen Welt entscheidet und sich dementsprechend verhält, kann er die Anwesenheit der Engel nicht wahrnehmen. Doch beschützen die Engel allzeit, auch in dramatischeren Zeiten, unsere Seeleneigenschaften, aus denen sich mutige Taten vollbringen lassen. Sie können sich bei Ihren Entscheidungen immer auf die geistige Führung verlassen, müssen aber in sich die Bereitschaft dazu tragen.

Jeder Mensch hat seine individuellen Lebensaufgaben auf seinem individuellen Lebensweg. Entscheiden Sie sich für die Tugenden wie Vorurteilslosigkeit, Vertrauen und Vergebung. In der Erfüllung dieser Eigenschaften können Sie von den Engeln geführt werden, aber immer nur, wenn Sie es bewusst zulassen. Daraus können dann lichtvolle Projekte kreiert werden.

Entscheiden Sie sich für ein lichterfülltes Leben, indem Sie jeden Tag mit einem liebevollen Empfinden beginnen. Segnen Sie alles, was vor Ihnen liegt, und gehen Sie bewusst und liebevoll mit allem um. Dadurch können sich neue Möglichkeiten für eine lichtvolle Zukunft entfalten. Entscheiden Sie sich in allen Angelegenheiten stets dafür, die Liebe mit einfließen zu lassen. Die Momente von Euphorie oder Depression sind vorübergehende emotionale Phasen, aber die Liebe hat langfristigen Bestand. Leben Sie deshalb immer achtsam im Hier und Jetzt mit diesem Bewusstsein. Möge Ihr Lebensmotto die Erkenntnis sein: Da wo Angst ist, will Liebe noch mehr erwachen. Die Liebe ist die stärkste Kraft. Für dieses Gefühl sind wir geboren. Wir benötigen es im irdischen Leben wie auch im Jenseits, in den geistigen Welten. Das wahre Glück erlebt man im Gefühl, nichts festhalten zu wollen. Liebe ist Freiheit, Freiheit ist Glück. Wir können nichts im Außen festhalten oder kontrollieren, denn alles ist vergänglich, außer der Seele und dem Geist.

Alle Formen von Abwesenheit von Glück haben eines gemeinsam, nämlich die tiefsitzende Ablehnung. Wo Ablehnung ist, kann nicht gleichzeitig Glück und Liebe anwesend sein. Beide können nicht zur selben Zeit denselben Raum erfüllen. Immer wenn in einem ein Stück Ablehnung verschwindet, wird in einem auch Platz für Liebe und Glück frei. Jedes innere »Ja« zum Leben, zu einem Menschen, zu sich selbst, erzeugt inneres Glück. Und plötzlich vergeht der tiefsitzende, versteckte innere Kampf, das kraftvolle, zielgerichtete Handeln dagegen kann wachsen. Und immer wenn eine Ablehnung gegen etwas in der Welt verschwindet, wird auch eine Ablehnung aus der Welt gegen einen selbst verschwinden. Auch dies ist ein Bewusstseinsprozess der neuen Zeit, er beginnt tief in einem selbst, und am Ende verändert er alles um einen herum.

Es ist wichtig, niemals aufzugeben, sondern sich stets aufzurichten, sich seiner geistigen Hilfe und seiner eigenen Kraft sicher zu sein, seiner inneren Kreativität zu folgen, neue Ziele zu suchen und vorwärtszuschreiten. Es ist auch wichtig, sich mit guten Freunden liebevoll auszutauschen und von »falschen Freunden« Abstand zu halten, denn Menschen mit unreinen und unehrlichen Absichten sind Boten des Unglücks.

Immer nur glücklich sein geht nicht, aber zum wahren Glück braucht man viel weniger, als man glaubt; man muss es nur in sich hineinlassen.

Seien Sie deshalb achtsam den guten Dingen des Lebens gegenüber, denn unser meist unbewusst vorherrschendes Gedankengut zieht immer die entsprechende Energie an. Richten Sie Ihre Energie und damit Ihre Aufmerksamkeit auf gute Gefühle, so werden Sie diese anziehen. Und umgekehrt: Haben Sie die guten Gefühle angezogen, wachsen diese auch in Ihnen.

In Liebe sein heißt, glücklich zu sein; Sie sind der Schöpfer Ihres Glücks. Das Herausfallen aus der Liebe wird zum Leiden hin- und vom Glück wegführen, da wir dadurch jene Einheit verlassen, in der wir von unserem Ursprung her leben. So ist die Grundvoraussetzung für wahres Glück die bedingungslose, segnende Liebe, und diese Liebe findet den Ursprung zuerst in einem selbst. Es gibt so viele Wege zum Glück, wie es Menschen auf der Erde gibt. Jeder Einzelne hat die Möglichkeit, seinen individuellen Weg zu wählen oder in die Fußstapfen anderer Menschen zu treten. Solange man keinen anderen Menschen verletzt, ist jeder Weg möglich und richtig, der zum Glück führt. Versuchen Sie nicht, die Welt zu ändern, denn Sie sind ein Teil von ihr, und die Welt ist in Ihnen. Seien Sie Liebe, das ist die Erfahrung.

Viele Menschen stellen sich oft die Frage: Warum ziehen manche Menschen Glück, Reichtum und Freude an, andere dagegen eher Leid und Misserfolg, wo doch vor Gott alle Menschen gleich sind? Wie bereits erwähnt, hängt die Entwicklung des eigenen Lebens mit dem Urvertrauen und somit mit vorherrschenden unterbewussten Glaubenssätzen zusammen, geprägt von vergangenen Erfahrungen, die meist in der Kindheit und/oder in früheren Inkarnationen gemacht wurden. Daraus resultieren das

Selbstwertgefühl und die Selbstliebe. Darin wiederum kann die Eigenliebe, aber auch die Selbstablehnung ihren Ursprung haben.

Über das Resonanzprinzip zieht jeder Mensch diejenigen Energien an, die ihm am ehesten gleichen. Somit geht er also in Resonanz mit liebevollen oder auch weniger liebevollen Menschen, mit Gesundheit oder Krankheit, Reichtum oder Armut usw. Jegliche Disharmonie im Außen, gleich welcher Art, kann eine Disharmonie im Inneren widerspiegeln. Es ist also wichtig, immer wieder Vertrauen in sich, in Gott, in die geistige Führung und die Engel zu setzen.

Viele leiden an sogenannten Pechsträhnen in ihrem Leben und fragen sich, warum der Himmel sie nicht davor schützt. Wir sollten uns für die Hilfe Gottes öffnen, uns aber gleichzeitig mit dem eigenen mangelnden Vertrauen und den damit verbundenen Unsicherheiten in Bezug auf uns selbst, das Umfeld und die geistige Führung auseinandersetzen. Haben Sie Vertrauen in sich und in Ihre geistige Führung, definieren Sie Ihre Wünsche, und machen Sie sich klar, dass Sie ein liebenswerter Mensch sind, der für seine Belange einstehen und die Weichen für sein Leben stellen kann, der nie wirklich versagt hat und auch zukünftig nicht versagen wird. Aus dieser liebevollen, verinnerlichten Einstellung kann sich Ihr Selbstbewusstsein stärken, und Sie werden immer mehr Positives anziehen, und der Himmel kann jetzt unterstützend wirken. Unsere Wünsche können wahr werden, wenn sie in unserem Herzen existieren und lichtvoll in den Kosmos ausstrahlen.

Verinnerlichen Sie Folgendes:
»Ich bin stark, und ich bin liebenswert, ich habe nie versagt, und ich bin es wert, ein erfüllter und glücklicher

Mensch zu sein und ebenso ein erfülltes und glückliches Leben im Außen zu führen. Ich glaube an die Unterstützung durch die geistige Welt in allen Lebenslagen, wenn ich den Weg in Eigeninitiative erkennen und vorgeben kann. Ich bitte um die Hilfe des Himmels, mich dabei zu unterstützen. Amen.«

Manche Menschen denken auch, dass Spiritualität sich mit Glück und Wohlstand und Materie nicht vereinbaren lässt. Auch dieser Gedanke kommt aus einem Mangelglauben. Das Materielle nicht in den Vordergrund zu stellen muss nicht bedeuten, es gänzlich außer Acht zu lassen, denn es ist auch wichtig, sich nicht unterbewusst einzuschränken. Irdische Ziele sollten mit dem Liebes- und Lebensgefühl im Einklang sein. Denn lieben heißt nicht, besitzlos leben zu müssen, und heißt noch weniger, in materiellen Existenzängsten verhaftet zu sein. Innerer Reichtum und »Im-Fluss-Sein« ziehen auch Fülle im Außen an. Vertrauen in die göttliche Schöpfung und die Fülle des Alls, in die geistige Führung und die Unterstützung der geistigen Welt können den Lebensfluss grenzenlos stärken. Lassen Sie sich auf den Rhythmus des Lebens ein. Der Rhythmus des Lebens ist im ständigen Werden und Vergehen. Glück empfindet der, der sich diesem Fluss hingeben und vertrauen kann. Dann ist die Kraft der Gegenwart die Wahrheit, und nicht die Sorgen der Vergangenheit oder die über die Zukunft. Versuchen Sie, nichts festzuhalten, sondern seien Sie weise – wissend, dass im Fließen und Loslassen die Liebe ist.

Zu dieser wunderbaren Harmonie im Leben gehört die eigene Harmoniefähigkeit und somit die Bereitschaft, stets voneinander zu lernen, anstatt die Individualität des anderen zu ignorieren oder gar zu untergraben. Denn überhebliche und negativ geprägte Menschen neigen gern dazu, Menschen in ihrem Umfeld zu kontrollieren und zu manipulieren. Dadurch werden jedoch Spannungen und Konflikte entstehen. Durch gegenseitiges Vertrauen und Liebe kann viel Kraft und Erfolg von der wahren Individualität, Geisteskraft und dem Schaffenswillen eines jeden Einzelnen einfließen, und die Gemeinschaften und Errungenschaften können gedeihen und sich entfalten. Seien Sie aktiv, setzen Sie sich für Ihre Ziele ein, und beachten Sie dabei auch das Wissen und den Rat anderer. Glauben Sie an sich, seien Sie vom Erfolg Ihres Tuns überzeugt, beginnen Sie den Tag mit einem zufriedenen Lächeln, gehen Sie jeder Erfahrung mit einem liebevollen und souveränen Selbstbild nach, und vollziehen Sie das, was in Ihrer Verantwortung liegt, mit Freude, dann werden Sie Erfolg anziehen. Nehmen Sie die Dinge so an, wie sie sind, und wenn nötig, korrigieren Sie, was Ihnen missfällt. Akzeptieren Sie jedoch auch, was Sie nicht ändern können; lösen Sie sich davon, den Möglichkeiten entsprechend. Es gibt vieles, was glücklich und zufrieden macht. Seien Sie aber stets selbst die Veränderung, die Sie sich wünschen.

Werden Sie sich der Dinge bewusst, die Sie glücklich machen, genießen Sie ein erfolgreiches Leben und beachten Sie dabei, dass folgende Fähigkeiten das Glück unterstützen: die Bewegung entsprechend der physischen Ebene und die Fähigkeit zur Kommunikation, Erkenntnis und Beziehung entsprechend der emotionalen und sozialen Ebene. Seien Sie ausgeglichen in Ihrem Leben, und nutzen Sie all Ihre körperlichen, emotionalen und geistigen Kräfte, sei es, dass Sie sportlich aktiv werden, sich auf einen liebevollen Austausch einlassen oder ein inspirierendes Buch lesen.

Ihnen sind nie die Hände gebunden, Sie besitzen alle Möglichkeiten, die für Sie gerade sinnvoll sind. Sie brauchen es sich nur wert zu sein und diese jetzt zu ergreifen und umzusetzen. Denn das Glück des Lebens hängt in erster Linie von der Beschaffenheit der eigenen Gedanken ab, denn »Die Welt ist immer so, wie ich sie sehe«. Achten Sie darauf, dass bei allem, was Sie tun, »Ihre« Welt liebevoll und lichtvoll ist. Nur Sie können sie dazu machen, denn Ihr Herz ist stark und beeinflusst die Qualität Ihrer Gedanken positiv und liebevoll.

Seien Sie dankbar für Ihre Möglichkeiten und für das, was Sie bereits haben. Denn Dankbarkeit macht glücklich. Verbeugen Sie sich bei jedem Konflikt in Dankbarkeit vor dem Leben. Dann entmachten Sie den inneren Kampf und Krampf und machen den Weg frei für lichtvolle Lösungen. Es gibt jederzeit genügend Dinge, wofür man dankbar sein kann, denn Glück ist auch die Fähigkeit, mit dem zufrieden zu sein, was ist, wie es ist und was man hat.

Lernen Sie aus der Natur den Rhythmus des Lebens, und finden Sie in dem, was Sie umgibt, Geborgenheit und Vertrauen. Es gibt so viel Reichtum auf dieser Erde, wir müssen ihn nur annehmen. Und es gibt so viel Schönheit, die uns umgibt, wir müssen sie nur sehen. Die innere Haltung voller Dankbarkeit ist an jedem einzelnen Tag unseres Lebens wichtig, sie macht das Glück aus, denn Glück ist kein stationäres Ziel, an dem man ankommt, sondern eine hohe Kunst im Alltag.

Für jeden äußert sich Glück in verschiedener Art und Weise, zum Beispiel in erwiderter Liebe, das Gefühl der Verbundenheit mit der Heimat, im Familienglück, im beruflichen Erfolg, in der Gesundheit ... Es ist immer individuell. Glück ist da, im Moment der absoluten Zufriedenheit.

Welche Faktoren bestimmen vorrangig Erfolg und Misserfolg im Leben?

Fassen wir die wichtigsten erfolgversprechenden Eigenschaften zusammen:

- Motivation bzw. die Reinheit der Absicht,
- Bestimmung bzw. Begabung, Talent,
- die zwischenmenschlichen Beziehungen und Teamgeist,
- der Mut bzw. die Einsatzbereitschaft,
- das Loslassen vergangener Irritationen,
- Fleiß, Geduld, Disziplin und Durchhaltevermögen,
- Demut, Liebe für sein Tun,
- Selbstvertrauen, gesunde Selbsteinschätzung, Selbstwertschätzung, denn Erfolg muss man auch ertragen können,
- Konzentration auf die Hauptaufgabe.

Erfolg ist auch eine Ansichtssache. Eigene Erfolgserlebnisse analysierend zu betrachten und zu erkennen kann oftmals von großem Vorteil sein. Man sollte in der eigenen Biographie immer auch erkennen, dass jeder einzelne Konflikt zugleich eine Chance sein kann, an seiner Weisheit, seiner Persönlichkeit und somit auch an seinem Glück zu arbeiten und zu wachsen. Erfolg ist wiederum eine starke Motivationskraft – etwas in Liebe und Reinheit auszuführen stärkt den Erfolg. Man sollte sich immer auch von Begegnungen und Erlebnissen im Außen inspirieren lassen. Jedoch muss man nicht ständig auf eine sich bietende Gelegenheit lauern. Besinnen Sie sich lieber auf sich selbst, spüren Sie die Stille in Ihrem Inneren, und Sie werden wissen, wie Ihr Weg zu innerer Fülle führt. Denn wer seine Gefühle gestaltet, gestaltet sein Glück.

Häufen Sie notwendiges Wissen an; dieses Buch möge dazu eine Hilfe sein. Machen Sie sich auf zu einem bewussten, aktiven und mutigen Leben. Beachten Sie jedoch, was in den hermetischen Gesetzen geschrieben steht:

»Die Aneignung von Wissen ist, wenn es nicht tätig zu Ausdruck und Wirkung kommt, wie das Horten wertvoller Metalle – eine zwecklose und unsinnige Sache. Wissen muss wie Reichtum einer Verwendung zugeführt werden. Das Gesetz der Anwendung ist ein universales Gesetz, und wer es verletzt, kommt mit den Naturkräften in Konflikt zu seinem Schaden.«

Auch die zehn Glücksregeln von Dalai Lama sind tiefgründig und können inspirierend sein:

- Große Liebe und große Ziele bergen Risiken: Verliere nie den Respekt vor dir selbst und vor anderen. Übernimm die Verantwortung für alle deine Handlungen.
- Verbringe jeden Tag einige Zeit mit dir selbst.
- Innere Zufriedenheit ist nur möglich, wenn du dich von allem befreist, was im Leben unwesentlich ist.
- Verliere nie die Hoffnung. Hoffnungslosigkeit ist ein echter Grund für Misserfolg.
- Die beste Beziehung ist die, in der die Liebe für den anderen größer ist als das Verlangen nach dem anderen.
- Wenn du verlierst, verliere nicht den Lerneffekt.
- Begegne Veränderungen mit offenen Armen, aber bewahre deine Wertmaßstäbe.
- Denk daran, dass Schweigen manchmal die beste Antwort ist.
- Übe Mitleid, Freundlichkeit und Güte. Lerne, Gefühle wie Ärger, Eifersucht, Egoismus und Selbstsucht zu beherrschen.
- Widme dich der Liebe und dem Kochen mit wagemutiger Sorglosigkeit.

Genießen Sie die Zeit mit Ihren Lieben, lachen und träumen Sie. In unserer Leistungsgesellschaft hat das Pflichtgefühl einen hohen Stellenwert. Wenn der Leistungsdruck jedoch überwiegt, verliert man die Leichtigkeit im Leben und hat keine Kraft für die Familienmitglieder und Freunde und vor allem auch nicht mehr für sich selbst. Wir müssen uns diese Leichtigkeit wieder zurückholen, wenn sie verlorenging, indem wir uns täglich bewusst auch Freiräume schaffen, um einfach einmal sein zu dürfen, ohne Pflicht und ohne Ablenkung. Erobern Sie sich wieder das Gefühl für die Zeit, lassen Sie diese an sich vorüberziehen, ohne etwas zu leisten, nutzen Sie diesen Abschnitt zum Träumen und Genießen.

In der inneren Zufriedenheit ist ein tiefes Glücksgefühl erlebbar und lebbar. Daraus können stimmige und produktive Ziele entstehen, nach denen es sich zu streben lohnt. Machen Sie sich immer wieder bewusst, dass Sie ein vollkommener Teil der Schöpfung sind, und entdecken Sie die Kraft Ihres wahren Ichs. Auch dies ist ein Schlüssel für Ihr Glück.

Seien Sie immer achtsam den vielen Möglichkeiten gegenüber, die sich Ihnen bieten. Lassen Sie die Chancen nicht verstreichen, die Ihnen das Leben mit jedem Augenblick bietet. Vertrauen Sie auf sich, und Sie werden alles wunderbar meistern. Vertrauen Sie Ihrem Weg und der geistigen Führung darin. Lernen Sie, mit Ihrer Intuition wie mit einem Musikinstrument gut umzugehen, um dieser auch in hektischen Zeiten stets zu vertrauen. So wird Ihnen Ihr Herz immer den Weg weisen, Sie brauchen nur in Frieden hinzuhören.

Der Umgang mit den Wünschen

Der Mensch hat bewusste und unbewusste Wünsche. Ein Wunsch an sich ist ein Begehren nach einer materiellen Sache oder einer Fähigkeit, auch ein Streben nach einer

Veränderung der Realität. Auch das Erreichen eines Wunschzieles für sich selbst oder für einen anderen gehört dazu. Man kann Wünsche auch in gute und weniger gute, in vernünftige und unvernünftige, in mögliche und unmögliche Wünsche einteilen. Alle stammen aus einer entsprechenden Emotion, einer entsprechenden Schwingung und haben auch entsprechende Folgen.

Die meisten Wünsche, die uns ständig begleiten, haben ihren Ursprung in unerfüllten Wünschen aus der Vergangenheit, meist aus der Kindheit. Wir müssen lernen zu unterscheiden, ob ein gehegter Wunsch uns wirklich eine Erfüllung bringen kann. Wir sollten erkennen, was wir wirklich brauchen und welche Wünsche überhaupt erfüllbar sind. Da jeder sehnliche Wunsch mit einem früheren unerfüllten emotionalen Wunsch verbunden ist, meist nach Liebe und Anerkennung, kann die Erfüllung eines aktuellen Wunsches aus dieser Dimension keine Erfüllung bringen, denn hier liegt die Aufarbeitung und Lösung in uns.

Jeder Wunsch zieht einen weiteren nach sich, und kein materieller Wunsch wird einen Menschen jemals wirklich erfüllen und glücklich machen. Der Wunsch ist verwandt mit der Sehnsucht. Die verborgenen und seit langem gehegten Wünsche und Sehnsüchte, die nie in Erfüllung zu gehen scheinen, tragen ein großes Potenzial von Unglücklichsein und Depression in sich. Diese Wünsche werden Ihnen nicht die dauerhafte Erfüllung geben, nach der Sie in Wahrheit suchen, weil die Wünsche nicht aus der Wirklichkeit des Hier und Jetzt kommen, sondern vielmehr aus der verborgenen melancholischen Sehnsucht nach Anerkennung und Liebe aus einer früheren Bedürftigkeit.

Der Wunsch hat auch etwas mit dem Willen zu tun, denn der Wille ist oftmals ein starker Wunsch. Der Wunsch unterscheidet sich vom Willen in erster Linie in der Entschiedenheit. Der Wunsch stellt das frühe Stadium des Willens zunächst dar, noch wird zögerlich formuliert, verglichen und überlegt. Beim Willen ist man dagegen schon sicher, sich für das nun klar definierte Gewünschte selbst einzusetzen. Wichtig ist deshalb die Vergegenwärtigung des bewussten und die Bewusstwerdung der unbewussten Wünsche, denn dies zeigt die tatsächliche innere Glaubensausrichtung auf, nämlich ob das Wunschdenken aus einem inneren Glauben an den Mangel und Bedürftigkeit oder an innere Fülle und Stärke entspringt. Hieraus ist auch die Ursache wunschlosen Glücklichseins erkennbar.

Der Wunsch an sich bezieht sich auf ein bestimmtes Ereignis oder einen bestimmten Gegenstand, mit dessen Eintreten oder Erhalten der eigentliche Wunsch erfüllt ist. Doch ein Wunsch zieht einen anderen nach sich. Der Wille dagegen ist meist eher eine länger anhaltende Geisteshaltung, die verschiedene Ereignisse nacheinander bewirken kann.

Wünsche, die aus einem wahren inneren Bedürfnis heraus entstanden sind, können motivierend sein, auch Ziele aufzeigen und somit die Zukunft beeinflussen. Der Blick muss immer nach vorn gerichtet sein mit dem unerschütterlichen Vertrauen, jedem Hindernis entgegenzutreten und mit der eigenen Vorstellungskraft und dem eigenen Glauben allen Schwierigkeiten zu begegnen.

Es ist wichtig, seine Ziele präzise zu formulieren und im liebevollen Empfinden stets in sich zu tragen. Es ist auch wichtig, alles, was sich dabei an Wünschen und Sehnsüchten zeigt, zu hinterfragen, zu sehen, ob man das für seine existenziellen Bedürfnisse braucht oder ob man es einfach nur will, um sein Bedürfnis nach Anerkennung zu befriedigen. Je klarer man in sich ist, umso erfolgreicher setzt man seine Energie zur Erfüllung seiner Herzenswünsche ein. Deshalb ist es sehr wichtig, seine ganze geistige Kraft dafür einzusetzen, alle Schwierigkeiten und Hindernisse zu überwinden und immer nur das Beste zu erwarten.

Die natürlichen und notwendigen Grundbedürfnisse, die das Überleben sichern, also Nahrung, Kleidung, Schutz usw., müssen immer befriedigt werden.

Neben den Wünschen, die sich auf diese Grundbedürfnisse beziehen, gibt es Wünsche, die für die Sinne angenehm sind und nicht dem Überleben dienen. Wenn man sich diese erfüllen kann, so ist dies erfreulich. Wenn man jedoch nicht die Möglichkeiten hat, sich diese zu erfüllen, so sollte dies nicht unglücklich machen oder das Selbstwertgefühl schmälern. Diese Art von Wünschen ist erfolgs- und glückshemmend.

Nicht natürliche und nicht notwendige Wünsche werden durch eine Meinung hervorgerufen. Diese Wünsche müssen nicht erfüllt werden. Der Mensch muss hierbei das Bewusstsein für Mäßigung haben, denn das maßlose Reichtumsstreben birgt gleichzeitig eine große Armut in sich. Maßlosigkeit betäubt das Bewusstsein und die liebevollen Tugenden. Denn wie bei allem liegt auch hier die Wahrheit in der Mitte; das Gespür und die Einschätzung dafür sind natürlich immer individuell. Das individuelle Bewusstsein und die Dankbarkeit für das, was man hat, führt zum Zustand des »wunschlos Glücklichseins«. Dies ermöglicht das Loslassen der Bedürftigkeit in Liebe und das Ankommen in der Kraft und Fülle der Gegenwart.

Glück ist die Frucht innerer Ruhe und ist nur in der Gegenwart zu finden. Je mehr der Mensch sein Denken auf Frieden, Ausgeglichenheit, Sicherheit und göttliche Führung anstatt auf ständig auftauchende Wünsche konzentriert, umso mehr wird sein Geist zur dauerhaften Glücksquelle. So ist es auch zu verstehen, wenn es heißt, glücklich zu sein ist die Fähigkeit, mit dem zufrieden zu sein, was man hat und wer man ist. Dann wird das innere Glück auch das Äußere anziehen.

In unserer Kultur brauchen wir immer mehr das Bewusstsein und die Unterscheidungsfähigkeit zwischen oberflächlichen und ablenkenden Wünschen und wahren und erfüllenden Bedürfnissen. Dies fällt einem Großteil der Menschen in unserer Gesellschaft nicht leicht, denn ihnen wird die Selbstverständlichkeit des Wünschens bereits in der Kindheit anerzogen. Auch in den Märchen haben Wünsche oft magischen Charakter. Besonders häufig hat die Märchenfigur Wünsche frei, deren Erfüllung ihr zugesichert und gewährt wird. Viele der Märchen gehören zu den Wunschmärchen. Oft ist die Wunscherfüllung mit Zauberei verbunden, und Wünsche, die in der Realität unerfüllbar sind, sind erfüllbar.

Unsere Überflussgesellschaft, in der Kindern viele Geschenke gemacht werden, die oft vornehmlich mit dem Anerkennungswunsch des Schenkenden zu tun haben, erschafft oft eine falsche Wertevermittlung. Unstabiles Spielzeug geht schnell zu Bruch. Wenn dann ein neues gekauft wird, entsteht für das Kind der Eindruck, alles ist ersetzbar, alles ist leicht zu bekommen.

Ein besonnener Umgang mit dem Thema Wunscherfüllung und Bedürfniserfüllung ist notwendig. Oft ist diese Eigenschaft eine der größten Herausforderungen der Kindererziehung sowie der eigenen Erkenntnis. Ein typisches Bild dieser frühen Bedürfnisanerziehung zeigt sich oft an den Supermarktkassen, wenn die Mutter die Lebensmittel bezahlt und ihr Kind unzufrieden oder gar aggressiv wird, weil es die gewünschten, dort auffällig in Sichthöhe platzierten Süßigkeiten nicht bekommt. Eine Möglichkeit, um Streit und Entwicklung von Mangeldenken zu vermeiden, wäre es, das Kind auf das Leben bewusst vorzubereiten und ihm vor dem Einkaufen zu sagen, was hauptsächlich benötigt und gekauft wird, dass für es gesorgt ist und es absolut versorgt ist.

Diese Art von Erziehung zur Eigenverantwortung funktioniert natürlich nur, wenn dieses Bewusstsein bei den Eltern auch im Umgang mit dem gesunden Maß an Geschenken vorhanden ist und eine aktive Herzensbeziehung vorherrscht, die durch gemeinsam verbrachte Zeit, Spiele, Singen und liebevolle Gespräche stattfinden kann. Denn erst wenn sich das Kind gesehen, verstanden und geliebt fühlt, ist es bereit, voller Vertrauen von den Erwachsenen Weisheitsimpulse anzunehmen.

Wahre Bedürfnisse

Ein echtes Bedürfnis ist das Verlangen oder der Wunsch, einem empfundenen oder tatsächlich vorhandenen Mangel Abhilfe zu schaffen, von dem das Überleben abhängt. Die menschlichen Bedürfnisse entwickeln starke Antriebskräfte und bestimmen auch das menschliche Verhalten. Das fundamentale, existenzielle Bedürfnis ist die Nahrungsaufnahme zum Erhalt der menschlichen Existenz. Dann folgen die Sicherheitsbedürfnisse, wie z. B. ein Dach über dem Kopf. Dann gibt es die sozialen Bedürfnisse, wie die Zugehörigkeit zu einer Familie oder Gruppe. Auch die Sexualität, die das Überleben der Menschheit garantiert, ist zwar nicht für den Einzelnen überlebensnotwendig, aber ein von Gott gegebenes Verlangen, eben zur Erhaltung der Rasse Mensch, und wird in indischen Philosophien ebenfalls den Grundbedürfnissen zugeordnet. Das Bedürfnis nach Selbstverwirklichung und Gottesnähe ist nicht zu unterschätzen. Letztere entsteht aus der unterschwelligen Erinnerung und Rückbesinnung auf die wahre Heimat der Menschenseele. Die existenziellen Bedürfnisse können vollständig befriedigt werden, wohingegen dies bei den meist stetig wachsenden Wünschen nicht möglich ist. Bedürfnisse können sich im Laufe des Lebens wandeln und sind von mancherlei Faktoren abhängig wie Alter, Gesundheit, Beruf und Interessen. Alles ist ein Bestreben nach einem größeren Glück. Bedürfnisse gibt es in allen Kulturen, nur die Manifestation ist anders. Die Erfüllung der eigenen Bedürfnisse wie auch die der anderen sollte stets im Bewusstsein sein.

Den Unterschied zwischen einem Wunsch und einem Bedürfnis kann man auch am folgenden Beispiel verdeutlichen: Ein Gedanke wird zum Wunsch nach Heilung, bleibt dieser Wunsch im Herzen, wird es zum Bedürfnis. Bedürfnis führt zu Hoffnung und Urvertrauen und kann Heilung bewirken. Ein fixierter Wunsch ist einseitig und starr. Bedürfnis ist mehr als ein Wunsch, es ist zielorientiert und gebend. Wünsche erzeugen Widerstand, Bedürfnisse erzeugen Energie und kommen vom Herzen.

Segne deine Vorhaben, und
lasse die himmlische Kraft in allem wirken.

7. Gott und seine Boten

Gottesnähe

In der Liebe und in innerer Balance offenbart sich Gottes Weisheit. Alles, was nicht Liebe ist, entspricht nicht Gottes Wahrheit. Für den Menschen sollte es deshalb immer darum gehen, all seine Gefühle, die nicht liebevoll sind, zu klären. Erst dann kann er dem Weg seines Herzens folgen. Wie können wir uns Gott nähern? Wie kann man sich Gottesnähe vorstellen? Gott befindet sich über allen himmlischen Hierarchien. Diese göttliche Energie ist ein unendliches, alles durchdringendes und dabei zutiefst gütiges reines Licht. Gott ist das Absolute und in allem und überall. Für die Wirkungsfelder an der Erde entfaltet sich Gottes Schwingung in erschaffende (männliche) und hingebungsvolle (weibliche) Energie. Der Begriff »Vater« entspricht der männlichen Energie und beinhaltet die Schöpfung und das Wissen. Die weibliche Kraft Maria umfasst Liebe, Weisheit und Hingabe.
Gottes Gegenwart ist im inneren Zustand des Friedens erfahrbar, weil dieses Gefühl alle Liebesarten des jeweiligen

Menschen in sich vereint und ihn der All-Liebe und somit Gottes Energie nochmals ein Stück näher bringt.

Gottes All-Liebe ist so groß, dass wir Menschen einen freien Willen erhielten. Die Erde ist quasi eine menschliche Spielwiese. Jeder Mensch besitzt einen freien Willen, und in diesen greifen weder Gott noch die Engel ein. Das Leid auf der Erde wird niemals von einem Gott verursacht, sondern in erster Linie von Menschen, die nicht in Liebe sind. So unterdrücken zum Beispiel manche Menschen, die in ihrer Kindheit selbst unterdrückt wurden und somit ihr Herz verschlossen haben, auch andere. Denn Missbrauch erzeugt Missbrauch. Der Mensch muss in all seinem Tun seinen Lebenssinn hinterfragen und die Liebe finden. Dann verändern sich auch Resonanz und die Zukunft, trotz des gegenwärtigen Geschehens.

Kriege, Leid und Not erschaffen die Menschen selbst, indem sie nicht in Liebe und von Herzen leben. Gott und die geistige Welt sehen die materielle Erfahrung, die eine Seele als Mensch auf der Erde macht, nicht als wichtiger an als die seelische Entwicklung in der geistigen Heimat des Menschen, im Himmel. Durch die evolutionäre Entwicklung und in der neuen Zeit, in der die liebevollen, harmonischen weiblichen Kräfte zunehmend vorherrschend sein werden, werden die kriegerischen Auseinandersetzungen weiterhin abnehmen. So können wir hoffen, dass es der Mensch selbst schafft, ein liebevolles und harmonisches Zusammenleben auf der Erde zu erschaffen.

In innerer Ruhe ist Frieden und die Begegnung mit Gott erlebbar. Viele Menschen fürchten sich vor innerer Stille, weil sie Angst haben, sich selbst zu begegnen. Hier geht es um Courage, sich selbst so anzusehen und sich genau so zu lieben, wie man wirklich ist. Es geht dabei um die Selbstannahme und Selbstliebe; der spirituelle Weg führt immer nach innen. Sehen Sie in den inneren Frieden, öffnen Sie Ihr liebevolles Herz, und begegnen Sie sich im Lichte Gottes, denn Sie sind ein großes Licht. Folgen Sie Ihren liebevollen Lebensaufgaben. Der Mensch ist nicht auf der Erde, um sich abzumühen, sondern um sich bewusst zum Göttlichen hin zu entwickeln. Es ist wichtig, der Resonanz auf Angst und Liebe mit Achtsamkeit zu begegnen, um sich immer bewusst für die Liebe zu entscheiden. In dieser inneren Haltung schwingt man lichtvoller und strahlt aus sich heraus. Rufen Sie sich stets in Erinnerung, dass Sie aus dem göttlichen Licht kommen und in das Göttliche hineingehen werden und dass Sie durch Ihre Anwesenheit hier auf der Erde durch Ihre Liebe und Zuversicht das göttliche Licht verbreiten sollen.

Dabei ist die Besinnung auf die geistige Anbindung und das Urvertrauen wichtig, damit Gottes Wille in Harmonie mit dem eigenen Willen steht und der Satz liebevoll fruchten kann: »Dein Wille geschehe durch den meinen.« Denn nicht Worte sind wichtig, nicht Verstehen ist wichtig, sondern das tiefe Empfinden einer umfassenden Liebe gibt Vertrauen. Der Mensch versucht immer, alles vom Verstand her zu verstehen. Dies ist prinzipiell richtig und wichtig, doch das Zusammenspiel von Wissen und Weisheit macht das Wesentliche sichtbar. Seien Sie sich stets der umfassenden Liebe Gottes bewusst, und leben Sie im unerschütterlichen Vertrauen. Wie Laotse sagte: »Der Weise vermag es, durch seine Reinheit und Ruhe alle Dinge der Welt ins Gleichmaß zu bringen.«

Für das Gottvertrauen ist das Wissen und die Erkenntnis hilfreich, dass die göttliche Energie ein unendliches, alles durchdringendes und dabei zutiefst gütiges weißes Licht ist. Dieses Licht strahlt Schöpferkraft, also Stärke und Selbstverständlichkeit aus und vermittelt einen friedvollen inneren Zustand, in dem alles in Ordnung ist, so wie es ist. Gott selbst vermittelt einen emotionalen Zustand des

Friedens und steht nicht im Dialog. In seinem grenzenlosen Licht nimmt er keine begrenzten Formen oder Wörter ein. Mit dieser großen, allumfassenden lichtvollen Energie kann man sich somit nicht verbal austauschen, sondern man kann sich nur in diesem göttlichen Zustand befinden. Wenn man mit Gott redet, befindet man sich im Dialog mit seinem höheren Selbst, das sich wiederum in einer dauernden Anbindung an die sogenannte Akasha-Chronik befindet (siehe Kapitel 3).

Das Wirken der Engel

Die Engel sind Lichtschwingungen Gottes. Sie unterstützen die Entwicklung der Welt und der Menschheit und zeigen den Weg in das göttliche Bewusstsein. Sie unterscheiden sich durch ihre Aufgaben. Deshalb gibt es auch unzählig viele Engelarten, so viele, wie es Aufgaben im Kosmos, auf der Erde, bei den Menschen und Tieren gibt. Für das menschliche Verständnis wurden die Engel in drei große Gruppen eingeteilt. Es gibt eine rein göttliche Ebene und drei Hauptgruppen von Engeln mit jeweils drei Untergruppen. Diese drei Hauptgruppen mit ihren Untergruppen unterscheiden sich nach ihren Aufgaben.

Die erste und höchste Engelgruppe hat die Aufgabe, das Wissen der Schöpfung zu bewahren, indem sie das Unreine und Schwere verbrennt (Seraphim), die Weisheit der Schöpfung erhält (Cherubim) und das Gleichgewicht der Kräfte auch in Geburt und Tod aufrechterhält (Throne).

Die zweite und mittlere Engelgruppe sorgt dafür, dass das göttliche Wissen so »aufbereitet« wird, dass es den Menschen mit ihren Auffassungs- und Verständnismöglichkeiten überhaupt zugänglich wird. Diese Engel besingen die göttliche Schöpfung und bringen göttliche und irdische Kräfte zueinander in Bewegung. Sie inspirieren die Erde, zum Beispiel über Kunst und Kreativität. Diese Engel haben auch die Aufgabe, die Harmonie in der gesamten Schöpfung zu bewahren, indem sie das Leid aufnehmen, das von der Erde »aufsteigt«, und es über lange Zeit hindurch mit göttlicher Kraft erfüllen und umwandeln.

Die Lobpreisengel zum Beispiel sind hohe, in sich gekehrte Engelsgestalten, deren »Gewand« einen zarten Orangeton aufweist. Sie stehen in Reihen hintereinander. Während sie die Schöpfung besingen, wiegen sie sich wie in einem Tanz, bei dem sich die Reihen aufeinander zubewegen und miteinander schwingen.

Zur dritten Engelgruppe zählen die Engel, die dem Menschen am nächsten stehen, etwa Schutzengel und Heilengel. Die Aufgabe der Engel dieser dritten Gruppe ist es, den Menschen aktiv bei seiner Seelenentwicklung und seiner persönlichen Entfaltung sowie bei der Erfüllung seiner Aufgaben zu unterstützen.

Engel sind Lichter Gottes, also reine Energiefelder. In ihrer Lichtschwingung besitzen sie keine Form, weil sie nicht materiell sind. Sie können aber für uns Menschen eine Gestalt annehmen, und zwar jene, die wir am ehesten erkennen und verstehen können. Das tun sie, um sich den sensiblen Menschen, die dazu von Herzen bereit sind, mitteilen zu können.

Ein Christ wird die Engel eher in den Formen und mit den Gestiken wahrnehmen, die er aus der kirchlichen Tradition kennt. Ein Buddhist hingegen wird sie mehr in Form eines Buddhas wahrnehmen. Es geschieht eben immer auf die Weise, die der Mensch seiner Prägung entsprechend einordnen kann. Die Engel zeigen sich uns so, wie sie uns dort, wo wir in unserer Entwicklung stehen, am besten berühren und abholen können. Deshalb hat auch jedes

Zeitalter seine eigene künstlerische und kulturelle Art, die geistigen Wesen darzustellen. Ausschlaggebend bei der Interpretation einer solchen Begegnung sind: die Farbintensität der Erscheinung, die Symbolik, die sich in den »Gewändern« der Engel zeigt, die Gestiken der Lichthände und -flügel, ihre Größe, Ausstrahlung und vor allem die Empfindungen, die sie im Menschen auslösen.

Zum besseren Verständnis möchte ich hier nochmals anführen, dass Engel an sich formlose Energiefelder sind, und wenn sie sich uns in menschenähnlicher Gestalt mit Flügeln darstellen, entspringen die Flügel der Vorstellung der Menschen, und so ist das Abbild der Engel entstanden. Engel benötigen selbstverständlich keine Flügel zum Fliegen. In Wirklichkeit handelt es sich bei den »Flügeln« um eine einhüllende Geste. Die Engel kommunizieren mit uns ausschließlich über die Emotio, also über das Gefühl, über unsere Herzenssprache. Gerade in unserem neuen Zeitalter hat jeder Mensch die Möglichkeit, wenn er dies möchte, durch seine Sensibilität seine Engel wahrzunehmen.

Die Engel kommunizieren mit den Menschen und vermitteln ihnen lichtvolle, unterstützende Botschaften. Dabei sprechen Engel niemals mit einer eigenen Stimme, sondern, wenn eine Stimme entsteht, stets mit einer, die sich wie unsere eigene anfühlt und auch in Wirklichkeit unsere eigene ist, da die Worte in uns entstehen. Alles andere, was man über den Intellekt erfassen kann, ist viel zu grobstofflich, als dass es auf die Engel zurückzuführen wäre. Wir können Mitteilungen von einer göttlichen Ebene von Lichtwesen nur über die Emotionen, über innere Bilder empfangen und verstehen. Wenn diese Empfindungen wahrhaftig frei von eigenen Vorstellungen und Prägungen sind, wenn das geistige Bild mit dem Gefühl übereinstimmt, dann stellen sich sozusagen von selbst Worte ein, die diese reine Botschaft auszudrücken vermögen. Die Engel können eine Schwingung haben, die sich zuweilen wie ein Ton anhört, jedoch im eigentlichen Sinne kein menschliches Wort ergibt.

Sie geben uns in ihren Botschaften die Kraft für unsere Gegenwart und einen Zukunftsimpuls mit. Die Botschaften sind kurze, präzise Hinweise, die alles Wesentliche beinhalten, was der Mensch für seine Entwicklung benötigt und verarbeiten kann. Bei Engelsbotschaften muss beachtet werden, dass über diese nicht zu viel gegrübelt und diskutiert wird, da dies oftmals dazu führt, dass sie von uns selbst intellektuell so verändert werden können, bis sie der eigenen Wunschvorstellung entsprechen. Dies kann die Entwicklung von lichtvollen Eigenschaften im Menschen verhindern. Die Engelsbotschaften können nur mit dem Herzen begriffen werden und auf die Gefühle positiv wirken, wenn der Intellekt dabei zurückgestellt wird. Sollten die Botschaften sich immer wiederholen, so ist das ein Zeichen dafür, dass dieselbe innere Aufgabe immer noch ansteht. Jeder Mensch kann, wenn er die Bereitschaft dafür hat, selbst Botschaften des Schutzengels erhalten.

Woran können Sie beim Empfang der Botschaft erkennen, dass Sie die Botschaft nicht phantasiert oder ausgedacht haben oder dass Sie nicht in einen weniger lichtvollen Kanal gelangt sind? Sie können es daran erkennen, dass sich die Botschaft für Sie vollkommen stimmig anfühlt und Sie im Herzen erfüllt. Auch daran, dass Sie tief und ruhig atmen, im Herzen liebevoll lächeln und gleichzeitig die Botschaft in klaren, sicheren Sätzen ausdrücken können. Bei allem jedoch, was sich eher kalt und nüchtern anfühlt, sollten Sie Vorsicht walten lassen und das eher nicht als echte Engelsbotschaft annehmen. Die Engel teilen sich uns immer auf eine unaufdringliche, sanfte, emotionale Art außerhalb der Logik mit.

Durch die bewusste und überzeugte Verbindung mit dem Schutzengel gewinnen wir mehr Urvertrauen. Dadurch können wir auch mehr innere Spannungen abbauen und gelassener auf unsere Umwelt reagieren. In Bezug auf die Gesundheit nehmen wir uns und unseren Körper, den wir vielleicht zu sehr vernachlässigt und den wir durch falsche Ernährung und falsche Gedanken übersäuert haben, besser wahr und gehen liebevoller und bewusster mit ihm um. Wir können liebevoller mit uns selbst und auch mit unseren Mitmenschen und der Familie umgehen. Wir können dem inneren Ruf und der geistigen Führung folgen und werden selbstsicherer und erfolgreicher, weil wir mehr im Einklang mit uns sind. Sind wir dadurch glücklicher, ist auch unser Körper gesünder. Wir können unseren Lebenssinn mit Hilfe des Schutzengels finden.

Wir können jedoch unter keinen Umständen erwarten, dass die Engel Verantwortung für unsere Handlungen oder fehlende Achtsamkeit übernehmen. Es ist ein großes Missverständnis, dass der Schutzengel in die Materie und in unsere Entscheidungen eingreifen kann, auch wenn wir das gern so hätten. Solche falschen Vorstellungen entstehen durch mangelndes Wissen über die kosmischen Gesetze und den freien Willen des Menschen. Die Erde ist das »Erfahrungsfeld« des Menschen. Der Mensch hat sein Gehirn und seinen Willen und entscheidet, ob er jetzt zum Beispiel das Auto zu schnell fährt oder nicht. Er hat auch seinen Körper, um seine Entscheidungen zu vollziehen. Diese Freiheit manipuliert der Schutzengel nicht, sonst wäre er kein Engel. Alles, was mit der Materie zu tun hat, hat der Mensch selbst zu regeln.

Der Schutzengel gibt aber Impulse, beispielsweise zu einem gewissen Zeitpunkt oder bei einer gewissen Handlung besonders vorsichtig zu sein. Sensible Menschen verspüren dann plötzlich ein Gefühl, etwas zu verändern.

Leider kann ein gestresster Mensch in seiner Materiever-
haftung und durch seine innere Spannung diese Impulse
oft aber nicht wahrnehmen.

Der Schutzengel ist eine liebevolle und feinstoffliche Energieform, die unsere Seelenqualitäten beschützt und somit
für die Entwicklung unserer inneren Werte zuständig ist.
Nur über unsere Sensibilität kann er »gehört« werden sowie positiv in unser Leben eingreifen. Der Schutzengel
sendet uns andauernd Impulse, nach denen wir frei und
glücklich leben können und sollen. Doch wir müssen ihn
bewusst von Herzen annehmen, sonst können wir ihn und
auch seine Impulse nicht wahrnehmen. Engel können uns
ohne unsere sensible Bereitschaft nicht helfen, da sie sonst
in unser Karma eingreifen würden. Dafür ist es nötig, uns
vermehrt unserer Sensibilität, Intuition und Herzenssprache
che zu widmen und vertrauensvoll von ganzem Herzen
bewusst und liebevoll unseren Alltag zu leben. Dann gehen wir gemeinsam und beschützt mit den Engeln unseren
Lebensweg, denn die Engel sind immer da.

Die Engel sind mit ihrer Liebe gute Ratgeber, doch sie
nehmen dem Menschen eben niemals Entscheidungen ab,
denn dies wäre ein Eingriff in den freien Willen. Grundsätzlich kann man den Engeln alle Fragen stellen und in
allen Angelegenheiten Hilfe bekommen. Voraussetzung
dafür ist die Reinheit der Absicht, denn die Engel sind absolut reine Seelenkräfte. Dies bedeutet, dass Sie sich der
Stimmigkeit und Absicht Ihrer Fragen vergewissern und
ganz bewusst sein müssen. Wenn Sie bei einer Frage, die
Sie dem Engel stellen möchten, frei und tief atmen und
dabei Liebe und ein Lächeln in Ihrer Brust wahrnehmen
können, dann entsteht in Ihnen eine klare, kurze Frage, die
es Ihnen auch ermöglicht, eine klare, kurze Antwort Ihres
Schutzengels zu erleben, zu spüren, zu sehen, zu verstehen, zu formulieren und umzusetzen.

Dies funktioniert jedoch nicht, wenn Sie unreine, egoistische Fragen an den Engel stellen, wie etwa Fragen aus purer Neugierde oder um ein Kontrollbedürfnis zu befriedigen.

Die Engel werden Ihnen auch niemals ein »Ja« oder »Nein« zur Antwort geben. Deshalb kann man sie auch nicht über ein Pendel oder Ähnliches befragen. Denn mit Ihrem freien Willen haben Sie immer selbst die Entscheidung für Ihr Handeln zu treffen und die Folgen zu durchleben. Die Engel schenken Ihnen ein klares Gefühl, mit dem Ihnen die Entscheidung leichter fällt.

Ich selbst gestalte mein Leben und all meine Entscheidungen seit vielen Jahren in geistiger Verbundenheit und mit der Hilfe der Engel. Seither ist mein Alltag leichter und ich in meinen Entscheidungen sicherer.

Engel lassen sich auch nicht auf Wahrsagerei ein, denn Sie selbst bestimmen über Ihren Lebensweg und über den Verlauf Ihres Schicksals mit jedem Atemzug und jeder Entscheidung neu. Wir bringen in jede unserer Inkarnationen innere Vorhaben mit und entscheiden immer wieder aufs Neue über den Umgang mit den äußeren Gegebenheiten.

Bei beruflichen Fragen zum Beispiel darf ein Engel Impulse für die richtige Richtung geben und Ihre Fähigkeiten zum heutigen Zeitpunkt aufzeigen. Wie lange jemand aber braucht, um ein Ziel zu erreichen, und was das für ein Ziel ist, kann nur der Mensch selbst – bewusst oder unbewusst – entscheiden!

Bei privaten Entscheidungen wird ein Engel niemals sagen »Verlasse diesen Menschen« oder »Bleibe bei diesem Menschen«. Er wird Sie vielmehr im eigenen freien Willen unterstützen und einen Impuls für die richtige Richtung vorgeben. Er wird zum Beispiel sagen oder symbolisch zeigen: »Du hast hier noch eine Aufgabe.« Nicht aber:

»Du musst hier bleiben.« Er wird vermitteln: »Folge deinem inneren Weg.« Nicht aber: »Geh weg von dort.« Diese Aussagen gelten für alle Situationen, für Beziehungen, aber auch für einen Umzug, Arbeitsplatzwechsel und dergleichen.

Bei gesundheitlichen Fragen wird ein Engel keine medizinischen Aussagen machen, wenn es zum Beispiel um die Diagnose, die Therapieverfahren (etwa die Frage, ob Operation oder nicht), die Notwendigkeit sowie die Einnahme von Medikamenten geht, weil dies zu grobstofflich ist und in medizinische Hände gehört. Bei allen gesundheitlichen Belangen kann einem die lichtvolle geistige Welt aber stets die geistigen und seelischen Hintergründe aufzeigen.

Gerade in unserem neuen Zeitalter hat jeder Mensch die Möglichkeit, wenn er dies möchte, durch seine Sensibilität seine Engel wahrzunehmen. Wie schon mehrmals erwähnt, ist eine wichtige Voraussetzung ein liebevolles Herz und die absolute Ruhe der Gedanken. Somit ist ein bewusster Umgang mit den Engeln auch ein geistiges Wachstum. Die Wahrnehmungen können ganz unterschiedlich ausfallen. Es kann sich um ein Hellsehen oder auch eine andere Form der Kommunikation handeln. Die verschiedenen Wahrnehmungsformen können sich auch vermischen, und manche Menschen verfügen sogar über alle. Wichtig ist, dass man sich voller Vertrauen auf die Kommunikation einlässt. Im Wesentlichen gibt es folgende Möglichkeiten der Wahrnehmung:

Hellwissen: Manche Menschen bekommen bei einer klaren inneren Frage an ihren Schutzengel spontan eine klare innere Antwort. Dieses Hellwissen ist kein Produkt des Nachdenkens, sondern es entsteht mühelos als innere Wahrnehmung. Gerade diese Klarheit ist es, die die Verbundenheit mit einem Schutzengel spürbar macht.

Hellriechen: Andere können die Schönheit und die Zartheit eines Schutzengels über einen blumigen Duft in ihrer Nähe wahrnehmen. Dieser Geruch ist ausgesprochen fein, mit irdischen Düften nicht vergleichbar. Auch diese Feinheit entspricht der Schwingung eines Schutzengels.

Hellhören: Manche Menschen hören die Botschaft oder die Lieder des Schutzengels. Es handelt sich dabei um eine warme, vertraute, sanfte innere Stimme – die eigene Herzenssprache.

Hellfühlen: Besonders wichtig ist auch das Hellfühlen. Dabei handelt es sich nicht allein um das innere Gefühl, sich geführt und aufgehoben zu wissen, sondern auch um die Gewissheit, in Liebe mit allem verbunden zu sein. Das ist der entscheidende Hinweis darauf, dass der Schutzengel in tiefer Seelenverbundenheit zugegen ist. Wenn Sie tiefe Liebe, Vertrauen und Freiheit verspüren, so kann dies eine Botschaft Ihres Schutzengels sein. Wenn der Schutzengel sich in Ihrer Aura befindet oder Ihre Haut berührt, kann sich das wie eine sanfte, wärmende Hülle um Sie herum anfühlen.

Hellsehen: Einem hellsichtigen Menschen begegnet ein Schutzengel in Form einer Lichtgestalt. Dies kann in einem Traum, in einer spontanen Vision, einer Meditation wie auch in einer bewussten Begegnung durch einen ruhigen inneren Blickkontakt mit dem Schutzengel geschehen.

Wir können ganz bewusst in diesen Kontakt treten, wenn wir ganz in Liebe, tief und ruhig im Herzen lächelnd, ein- und ausatmen, während wir unsere Aufmerksamkeit auf unseren Atem richten. Nur wenn wir ganz ohne Erwartungen sind, können wir unseren Schutzengel sehen. Wir erkennen seine Form, seine Farben und seine Symbole und spüren seine Botschaft so deutlich, dass wir sie in Worte fassen können. Wir können ihm voller

Vertrauen klare Fragen stellen, seine weisen Antworten empfangen, sie verstehen und durch den eigenen Willen umsetzen.

Aus jahrelangen Erfahrungen in meinen Kursen weiß ich, dass jeder Mensch in der Lage ist, durch seine individuelle geistige Anbindung in Kontakt mit den Engeln zu treten. Dies erfordert allerdings viel innere Ruhe, Liebe und Urvertrauen. Jeglicher Kontakt basiert zunächst auf diesen drei »Herzensregeln«.

Üben Sie die innere Ruhe und Aufmerksamkeit, indem Sie sich mehrmals täglich für einige Minuten hinsetzen, Ihren Atem tief in den Unterbauch lenken und im Herzen Liebe spüren. Die Gedanken kommen immer mehr zur Ruhe, während Sie Ihren angenehmen Atem beobachten.

Wenn Sie ganz friedvoll und vor allem auch erwartungslos geworden sind, können Sie eine klare Frage an die Engel stellen und das Bild sowie die Botschaft aus Ihrem tiefen Atem heraus emporsteigen lassen, dieses in Ihrem Herzen spüren und mit eigenen Worten formulieren.

Wiederholen Sie dann die Botschaft innerlich. Wenn Sie dabei weiterhin ungehindert tief atmen und in Ihrem Herzen lächeln können, dann haben Sie die Engelsbotschaft wahrhaftig, ohne jegliche eigene Wunschvorstellung, empfangen.

Je bewusster Ihnen die täglichen Botschaften Ihres Schutzengels sind und je sicherer Sie im Umgang damit sind, umso mehr können Sie diese in liebevoller, innerer Herzenshaltung in Ihrem Alltag umsetzen und sich zum Beispiel je nach Engelsbotschaft und Ihrer Intuition trauen, die Chancen, die sich Ihnen bieten, voller Zuversicht zu ergreifen und die Dinge voller Vertrauen geschehen zu lassen. Die Engel weisen uns stets einen lichtvollen Weg, diesen umsetzen müssen allerdings wir selbst.

Die Kraft des Gebets

Die Kraft der Gebete ist unser altbewährter Zugang zu den göttlichen Sphären. Gebete und Segnungen zählen vermutlich zu den ältesten Heilkräften überhaupt. Sie sind aus allen Kulturkreisen und Religionen bekannt. Wenn Worte mit Gefühlen verbunden werden, um damit auf die Ebene der Tat, der irdischen Verwirklichung zu kommen, dann ist das ein Schritt, um unseren Zielen näher zu kommen. Gebete und Segnungen sind eine Heilmethode, die wir selbst ausüben können. Sie bringen Klarheit und führen zur Eigenverantwortung und Selbständigkeit, und das im Sinne eines ganzheitlichen Bewusstseins, da wir einerseits selbst aktiv werden und uns andererseits die enge Verbindung mit Gott, den Engeln und der ganzen Schöpfung bewusst machen. Bei Gebeten bitten wir um Hilfe und Heilung von einer höheren Ebene und mit höheren Kräften. Diese sind zwar auch in uns vorhanden, aber wir können sie nicht immer wahrnehmen und einsetzen. Deshalb bitten wir darum, dass diese Kräfte uns in bestimmten Situationen stärker zufließen beziehungsweise deutlicher spürbar und nutzbar werden.

Vom Intellekt her wissen wir oft, welche Eigenschaften für das Wachstum unserer Persönlichkeit notwendig sind, aber wir können es oftmals gerade dann im Herzen nicht spüren, wenn wir es brauchen. Wenn wir es aber im Herzen nicht leben, so tun wir uns dann meist auch schwer, eine Lösung für unsere Probleme zu finden. Manchmal kann es sehr lange dauern, um eine Herzenseigenschaft authentisch und dauerhaft entwickeln zu können. In solchen Fällen helfen uns Gebete. Denn Gebete gehen viel tiefer in unsere Seelenebene zum höheren Selbst als zum Beispiel Affirmationen und verändern unseren Charakter heilend. Diese innere Entwicklung verursacht auch positive Veränderungen im äußeren Umfeld. Die Wahrnehmung der äußeren Veränderungen wiederum stellt eine Möglichkeit dar, die eigene wahrhaftige Entwicklung zu überprüfen. Das Wesentliche im Umgang mit Gebeten ist auch, dass wir durch die Kraft und das Sprechen der Gebete Geduld üben. Und Geduld ist die wahre Meisterschaft eines jeden Menschen und die Basis für Urvertrauen und Liebesfähigkeit.

Sprechen Sie das für Sie passende Gebet drei Wochen lang dreimal am Tag, morgens, mittags und abends. Wenn Sie spüren, dass Sie das Gebet noch innerlich berührt und das Thema noch nicht gelöst ist, so sprechen Sie das gewählte Gebet weitere drei Wochen lang zweimal am Tag, morgens und abends. Bei Bedarf wiederholen Sie das Gebet weitere drei Wochen lang einmal am Tag, morgens. Sie können spüren, wie Sie mit jedem Tag mehr Erkenntnisse sammeln, sich durch innere Erlebnisse entfalten und sich auch die äußeren Gegebenheiten durch Ihre Weisheit verändern können.

Der Himmel erwartet nicht, dass Sie zwingend vorgegebenen Gebeten folgen, wenn sie für Sie nicht stimmig sind. Sie sind ganz frei und sollten sogar Ihre Gebete so formulieren, wie es Ihrem Herzensanliegen entspricht und wie es für Sie zum jeweiligen Zeitpunkt stimmig ist. Nutzen Sie die Kraft der Gebete, ob selbst entwickelte oder vorgegebene; die Hauptsache ist, dass Sie es aus liebevollem, vertrauensvollem und geduldigem Herzen und tiefem Gottvertrauen tun.

Liebevolle Lebensgestaltung

Vertrauen im Leben ist etwas Elementares, hiermit ist sowohl Vertrauen in sich selbst als auch in die Mitmenschen und in Gott gemeint. Denn erst dadurch kommen die Engel durch unseren freien Willen ins Spiel, weil man dann aus der inneren Stille heraus vom Herzen sehen und die Feinstofflichkeit hinter der Grobstofflichkeit erkennen und leben kann.

Übergeben Sie den Engeln das, was in deren Machbarkeit und in deren Möglichkeit steht, und gehen Sie selbst konsequent aus vollem Herzen das an, was in Ihrem eigenen Aufgabengebiet liegt. So können die Engel und Sie ein lichtvolles und erfolgreiches Team bilden. Die Engel überbringen Ihnen ihre himmlischen Botschaften, und Sie setzen sie in Taten um. Die größte Freude, die Sie den Engeln machen können, ist es, selbst glücklich zu sein. Verbinden Sie sich durch Ihre Liebe und Lebensfreude mit den Engeln, und umso mehr werden Sie ihre Botschaften verstehen können. In ihrer Liebe sind sie stets für Sie da. Glauben Sie an sich, denn wenn Sie an sich nicht glauben, wie sollen das dann andere tun können, und wie wollen Sie dann die Engel erleben können?

Spüren Sie die Liebe zu sich, dann übernehmen Sie in Freude für sich die Eigenverantwortung und richten sich auf. Ergreifen Sie vollen Mutes Ihr Leben und Ihre Möglichkeiten, und das Leben wird Ihnen neue Perspektiven eröffnen und alles erscheint machbar. Wenn Sie sich selbst vertrauen, haben Sie auch Vertrauen zu anderen und zu

Gott. Glauben Sie an sich, und Sie werden Ihr liebevolles Herz spüren, und in diesem erkennen Sie Ihren lichtvollen und erfolgreichen Weg.

Suchen Sie stets den inneren Halt in Ihrem Selbstvertrauen, das manchmal erst gestärkt werden muss. Am intensivsten lernt man es in der Auseinandersetzung mit der eigenen Intuition kennen. Gerade bei Fragen »Habe ich das richtig entschieden?«, »Bin ich dem gewachsen?«, »Habe ich das richtig wahrgenommen?« spürt man, wie es mit dem Selbstvertrauen steht. Doch man kann das Selbstvertrauen nicht irgendwo finden, denn dies ist bereits in einem selbst und will bewusst angenommen und gelebt werden. Trauen Sie sich und seien Sie Sie selbst, denn Sie sind wundervoll und zwar genauso, wie Sie sind. Nehmen Sie sich die engelsgleiche Leichtigkeit zum Vorbild, und erleben Sie diese in Ihrem Tun.

Sie sind ein starker und verantwortungsvoller Mensch, achten Sie jedoch darauf, kein Einzelkämpfer und auch nicht innerlich starr zu sein. Denn in Ihrer Seele ist die engelsgleiche Schwingung der Liebe, die Ihnen alles Irdische erleichtern kann. Nehmen Sie die Engel zum Vorbild und urteilen Sie weniger, sondern beobachten Sie mehr. Dann werden Sie es leichter schaffen, blockierende Emotionen loszulassen und den Dingen freien Lauf zu lassen, das Leben kann sich dann mit himmlischer Kraft immer besser gestalten. Wenn Sie Ruhe als innere Quelle in Ihren Alltag integrieren, so werden Sie immer mehr auch die spirituellen, höheren Werte leben und aus diesen heraus eine lichtvolle Zukunft gestalten. Folgen Sie dem Pfad der Liebe und des Friedens, denn Angst ist kein guter Ratgeber. Vertrauen Sie dem Leben und darauf, dass alles so kommen wird, wie es sinnvoll und lichtvoll ist. Segnen Sie Ihre Anliegen, und gehen Sie voller Vertrauen voran. Erinnern Sie sich daran, dass niemals etwas auf Sie zukommen kann, dem Sie nicht gewachsen sind, und daran, dass die Engel auch nachträglich allem einen lichtvollen Sinn geben.

Gehen Sie Ihr Leben ohne Bedenken und in Freude an. Spüren Sie die Liebe, und lassen Sie sich von Gottes Licht leiten. Das untrügliche Gefühl des Vertrauens sollte die Grundqualität Ihres täglichen Lebens sein. Im Urvertrauen können wir erspüren, wie uns der Weg durch unsere Inspirationen gewiesen wird, und wir kommen Gottes Kraft näher und können sie in uns und unser Tun integrieren.

Möge Vertrauen Sie in Ihrem Leben leiten, dann wird die Intuition Ihr ständiger Begleiter, was zu Antworten und Weisheit des Herzens führt. Die Intuition entspricht einem höheren Bewusstsein. In diesem ist man wiederum in der Gegenwartspräsenz, in bewusstem Atem, gedanklicher Klarheit und emotionaler Liebe und Harmonie. Aus dieser inneren Kraft heraus ist man bereit für die himmlische Führung, und die geistigen Antworten »fallen« einem zu. Lassen Sie Ihr Herz sprechen, und folgen Sie der göttlichen Wahrheit.

Achten Sie stets auf Ihre Lebensfreude, denn über die Freude findet man den Weg zu den Engeln. Die Engel sind Schwingungen der Liebe, und nur über Ihre eigene Liebesfrequenz können Sie sich in Ihrer individuellen Feinstofflichkeit dahin erheben, mit ihnen in Resonanz zu gehen und sie und ihre Botschaften deutlich wahrzunehmen. Schauen Sie sich in Ihrem Leben voller Dankbarkeit und Freude um, dadurch öffnet sich Ihr liebevolles Herz immer mehr, und Sie gelangen in Verbindung mit allem Lichtvollen.

In dieser liebevollen Lebenshaltung können Sie das Leben und den Alltag lichtvoll gestalten. Die größte Herausforderung eines spirituellen Menschen ist es, die geistige Anbindung in seinem Alltag aufrechtzuerhalten. Wenn das tägliche Leben vorwiegend von Stimmigkeit und Harmonie geprägt ist, fällt es naturgemäß auch leichter, fröhlich und herzensoffen zu sein.

Wenn hingegen Ängste dominieren, wie Existenz-, Versagens- oder Verlustängste, so wird der Alltag schnell zur Herausforderung und Bewährungsprobe. Die im Unterbewusstsein abgespeicherten Ängste unseres »inneren Kindes« rebellieren immer mehr, weil die Seele geheilt werden will. Diese Ängste melden sich vor allem nachts zu Wort, wenn das Bewusstsein »schläft«. Wir bearbeiten nachts nicht nur unterbewusst den vergangenen Tag, sondern unsere gesamte Vergangenheit, was auch frühere Leben mit einschließt. Somit ist es nicht verwunderlich – ganz gleich, ob man sich nun an seine Träume erinnert oder nicht –, dass man morgens manchmal zerschlagen aufwacht oder sogar leicht depressiv ist. Um dem entgegenzuwirken und den inneren Heilungsprozess zu unterstützen, sollte man schon am Morgen seinen Tag aufmerksam und ruhig mit einer Meditation beginnen.

Durch diese Form der inneren Achtsamkeit stabilisieren und verstärken wir die Freude und das innere Licht und bejahen bewusst ein lösungsorientiertes Leben. Denn in einer Haltung der Achtsamkeit geht man viel besser mit sich und seinem Umfeld um. Man lebt offener und ehrlicher und fließt mit dem Fluss des Lebens. Außerdem kann man sich durch diese Offenheit mit positivem Gedankengut auf den Tag mit all seinen Ereignissen besser einlassen, als wenn man innerlich verschlossen durch das Leben geht.

Sie sehen, es ist wichtig, dass man für seine Herzensanliegen selbst einstehen und seine Ziele klar formulieren, diese mit Herzenskraft und geistigen Willen voranbringen muss. Durch Annahme der himmlischen Unterstützung können daraus Wunder werden. Es ist wichtig, nicht nur in der äußeren Aktivität zu sein, sondern auch stets die innere Ruhe zu wahren. Es ist wichtig, auch einmal nichts zu tun, nicht ständig zu planen und zu kontrollieren, sondern die Dinge geschehen zu lassen und zu schauen, was kommen und sich entwickeln will. Immer mehr wird begreifbar, dass die Ziele wichtig sind, doch zu allem gehört immer auch der Weg selbst zum Ziel.

Manche Menschen verunsichert ein solcher Anspruch. Sie fragen sich: Woher weiß ich, was gerade ansteht? Aktiv sein oder die Dinge sich von selbst entwickeln lassen? Eigentlich gehört im Herzensempfinden beides stets zusammen und ist nicht voneinander zu trennen. Die innere Ruhe ist bereits die höchste Aktivität. Denn beides bedeutet, in Achtsamkeit zu sein. In Achtsamkeit ist man in seiner natürlichen Intuition und erkennt die geistige Führung in jedem Augenblick. Intuitiv weiß man, wie man sich jetzt nach außen verhalten soll und welche Entscheidungen zu treffen sind. Gleichzeitig ist man stets wach, kreativ und flexibel, um seine Pläne reifen zu lassen, diese wenn nötig auch zu verändern, sie im Laufe und in der Reife der Zeit zu korrigieren und neu zu formulieren. In der Achtsamkeit erkennt der Mensch, dass nichts starr ist und dass die Wege Gottes oft unerwartet und kreativ sind. Die Dinge werden sich stets für alle Beteiligten lichtvoll und sinnvoll entwickeln. Seien Sie in Ihrer Weisheit im Fluss des Lebens, und heißen Sie alle Veränderungen willkommen. Alles ist im Fluss, alles ist vergänglich, alles befindet sich somit in einem natürlichen ständigen Wandel.

Was von uns benötigt wird, ist das besagte erwachende Bewusstsein in uns, unsere erhöhte Aufmerksamkeit allem gegenüber, was unser Leben ausmacht. Viele Menschen »verschlafen« ihr Leben, indem sie weder Leid noch Freud hinterfragen, sondern nur das allgemein Vorgegebene leben. Das »gemütliche Elend« lässt dann nicht mehr lange auf sich warten, und der Mensch lebt das, was er lebt, ohne das Bewusstsein, dass nur er verändern kann, was ihn unglücklich macht.

Fragen Sie sich immer wieder: »Was macht mich glücklich?«, »Was macht mich unglücklich?« und: »Was macht mich dankbar?« So erwacht das Bewusstsein für das eigene Leben, und man wird der geistigen Führung und dem darin liegenden lichtvollen Weg gegenüber aufmerksamer. Kritisieren Sie weder sich noch andere, sondern leben Sie die Weisheit vor. Wenn Sie mit etwas unzufrieden sind, überlegen Sie sich, was Ihr eigener Anteil daran ist. Das anzugehen, was in eigener Macht und Verantwortung ist, entspricht einem wahren »Heldentum« und einem starken Charakter. Das zu leben, wofür man steht, macht frei und weise. Gehen Sie voller Dankbarkeit durch das Leben, denn Dankbarkeit macht glücklich. Ein undankbarer Mensch kann seinen Hunger nach Liebe, Hab und Gut niemals stillen.

Der Mensch, der im ständigen inneren Mangel lebt, wird immer der Meinung sein, nicht genug zu haben. Dies ist eine unbefriedigende Lebenshaltung, die einem Selbstsabotageprogramm und der unbewussten Opferhaltung gleichkommt. Ein liebevolles Herz weiß immer, sich für das, was ist, dankbar zu fühlen und sein Glück in sich zu finden. Lassen Sie sich also vom Leben jeden Tag faszinieren. Es gibt immer etwas, was uns im Leben begeistern kann, zum Beispiel die uns zugewandten liebevollen Menschen, die sinnerfüllte Arbeit, wunderschöne Umgebung, begeisternde Freizeitaktivitäten.

Besinnen Sie sich auf das Schöne in Ihrem Umfeld, und lassen Sie sich immer wieder aufs Neue vom Leben begeistern. Schärfen Sie den Blick auf das eigene Leben, und schöpfen Sie daraus Kraft und Mut, Neues anzugehen. Lassen Sie dabei den Austausch mit harmonischen Menschen nicht zu kurz kommen. Entwickeln Sie Ihren individuellen Weg, wie Sie liebevoll und stimmig leben können. Erwarten Sie nicht, dass andere Sie immer in Ihrem Sosein verstehen werden, aber Sie werden sicherlich immer geliebt. Eine liebevolle Gemeinschaft bringt Stärke und großen Segen. Nicht umsonst gibt es den Spruch im Volksmund: »Hinter jedem starken Mann steht eine starke Frau.« Andersrum ist es selbstverständlich auch so. Als Gemeinschaft sind wir in allem stärker, allein kann man nur schwer etwas in der Welt bewegen. Achten Sie auf liebevolle und harmonische Menschen in Ihrem Umfeld, mit denen Sie einen vertrauensvollen und friedvollen Umgang pflegen können. Dann sind Sie auf einem richtigen Weg, denn Glück erlebt man verstärkt in einer liebevollen Gemeinschaft.

Leben Sie stets in der hohen Erkenntnis, dass in der göttlichen Schöpfung für Sie stets gesorgt ist, und spüren Sie immer wieder diesen aufrichtenden Satz in Ihrem Herzen: »Für mich ist gesorgt.« Denn wenn Sie mit Ihrer Zuversicht und mit Urvertrauen mit Gott verbunden sind, Gott somit mit Ihnen ist, wer kann dann gegen Sie sein? In dieser tiefen Bereitschaft und Hingabe sind nicht die Worte wichtig, nicht mehr das Verstehen ist wichtig, sondern das Spüren eines tiefen Vertrauens und göttlicher Präsenz macht die Wahrheit, die Vollkommenheit und die Schönheit des Augenblicks aus. In dieser inneren Haltung sind Sie geborgen, mit dem Höchsten verbunden und gesegnet. Sie stehen im Licht und damit auch Ihre ganze Umgebung, denn Sie sind das Licht, als unsterbliche Seele. Somit machen nicht die Engel Wünsche wahr, sondern wir erfüllen mit Hilfe der Engel unsere tiefsten inneren und äußeren Bedürfnisse in Liebe und Harmonie.

Lasse Sorgen und Zweifel los,
dann kann sich der Erfolg manifestieren.

8. Lebensweg und Leichtigkeit

Lebenssinn, Lebensaufgaben, Lebensweg

Der Lebenssinn ist der fortschreitende Weg zur Liebe mit dem Ziel der reinen All-Liebe. Der Schutzengel ist immer mit dem Lebenssinn verbunden und stärkt die Kraft der Gegenwart und gibt dem Menschen Impulse, um daraus den Weg zum Ziel zu finden.

In unserer leistungsorientierten Gesellschaft herrscht der Irrtum vor, dass ein Mensch in erster Linie seinen Lebenssinn und seine Lebensaufgabe darin findet, eine Aufgabe im Außen zu erfüllen. Die Materie sollte aber nur ein Hilfsmittel für den inneren Ausdruck sein. Also liegt der Lebenssinn im Innen, weil die Seele durch unsere Gefühle einen Ausdruck braucht. Der Lebenssinn hat primär mit unserer liebevollen Seelenbefindlichkeit und der zu entwickelnden Charaktereigenschaft zu tun. Wenn wir diesem Herzensruf folgen, finden wir einen heilsamen Ausdruck auch im Außen, im Privaten wie auch im Beruflichen. Es ist lohnenswert, immer wieder dem inneren Bedürfnis zu folgen und sich zu hinterfragen und zu erkennen: Wofür bin ich da, und wie gezielt bewege ich mich in meiner Entwicklung zur All-Liebe im Innen und im Außen?

Wenn der Mensch dies als vordergründige Aufgabe und wichtigsten Sinn des Lebens versteht, dann steht selbstverständlich auch einer erfüllenden Aufgabe im Außen und einer beruflichen Karriere nichts im Weg. Die Verknüpfung der inneren und äußeren Lebensaufgabe führt zum erfüllten Leben.

Es gibt einen Unterschied zwischen Lebenssinn, Lebensaufgaben und Lebensweg. Der Lebenssinn ist das Ziel einer Inkarnation, nämlich die Entwicklung in die überpersönliche All-Liebe, um sich selbst, Gott und seiner Schöpfung näher zu sein. Der Lebenssinn liegt also nicht im Außen in der Materie, sondern im inneren Befinden. Damit besteht der Sinn des Lebens nicht darin, Karriere zu machen, ein Haus zu bauen, Kinder zu zeugen oder Bäume zu pflanzen, wie oft geglaubt wird, denn dies ist eher die Folge oder das Mittel zum Zweck.

Die Lebensaufgaben sind, ebenfalls anders als die allgemeine Vorstellung, nicht das Erreichen irgendeines Zieles im Außen, sondern das Entwickeln von inneren Werten, von Charaktereigenschaften und Fähigkeiten wie Erkenntnis, Verständnis, Vergebung, Vertrauen, Mut oder das Loslassen. Die inneren Eigenschaften gilt es im Leben zu stärken und zu entfalten, denn diese stellen quasi die energetische »Brücke« zum Lebenssinn der All-Liebe dar. Jede Seele hat sich bestimmte Lebensaufgaben vor ihrer Inkarnation auf dieser Erde vorgenommen. Die eine hat vielleicht mehr mit der Aufgabe und Kraft der Vergebung zu tun, die andere mit der inneren Ruhe oder mit Vertrauen. Jedoch alle inneren Eigenschaften sind miteinander verknüpft und betreffen jeden Menschen.

Durch die Schwerpunkte der vorgenommenen Lebensaufgaben gestaltet sich der eigene Lebensweg. Dieser entspricht der Umsetzung der Lebensaufgaben auf der Erde innerhalb der Materie. Damit sind die Entscheidungen gemeint, die wir für Beruf, Familie, Gesundheit usw. treffen. Diese entstehen aus der inneren Resonanz und dienen der Lebenserfahrung, der inneren Entfaltung und Selbstwahrnehmung.

Manche Geschehnisse im Leben sind für die Entfaltung der inneren Lebensaufgaben in der eigenen Persönlichkeit aus dem Höheren, also vor der Inkarnation, im Seelenplan und somit im individuellen Schicksal bereits angelegt worden. Die meisten jedoch entwickeln sich aus der momentanen Resonanz heraus. Wir müssen auch akzeptieren, dass in unserer schnelllebigen Zeit einige wenige Erfahrungen aus einem globalen Schicksal entstehen können und in unser individuelles Schicksal eingreifen. Je näher wir uns am Seelenplan befinden, desto stärker werden Glück und Erfolg sich einstellen können.

Begegnen Sie allem in Liebe, und Liebe wird zu Ihnen zurückstrahlen. Gott liebt alle, lieben auch Sie aus Gottes Kraft. Gottes Liebe ist allgegenwärtig. Trauen Sie sich zu, ebenfalls aus vollem Herzen so zu lieben, dann können Sie das Leben und seinen Sinn begreifen. Die Liebe ist die beste Motivation. Es ist nie zu spät, vertrauensvoll sein Herz zu öffnen und dadurch die Liebe immer mehr zu verstärken. Mit den Augen der Liebe findet alles seine neue Gestaltung und neuen Glanz. Wenn wir voller Dankbarkeit durchs Leben gehen, dann fällt es uns leicht, mit Liebe und mit Sinnhaftigkeit erfüllt zu sein. Sie können dafür auch das folgende Gebet nutzen:

»Liebe lichtvolle geistige Welt, ich bitte um Gottes Kraft und um die Hilfe der Engel. Bitte helft mir, mein Herz im-

mer mehr zu öffnen und grenzenlos zu lieben. Ich werde
in allem den Sinn der überpersönlichen Liebe erkennen.
Amen.«

Ob man sich bei jeder Geburt einen neuen Lebenssinn
und neue Lebensaufgaben vornimmt, hängt von der bereits vorhandenen Entwicklung ab. Wenn die Seele sich
zum Beispiel im vorherigen Leben die Fähigkeit der
Vergebung vorgenommen hat, doch diese Lebensaufgabe
nicht erfüllt hat, ist sie dem Lebenssinn der All-Liebe nicht
wesentlich näher gekommen. Aus diesem Grund gibt es
keinen Anlass, sich eine neue Lebensaufgabe für eine neue
Inkarnation vorzunehmen. In einer neuen Inkarnation
wird diese Seele dann an der vorherigen Aufgabe der Vergebung weiterarbeiten. Es kann aber sein, dass das Schicksal dieses Menschen dieses Mal, von einer unerfüllten Inkarnation zur anderen, etwas dramatischer verläuft, damit
er diese Aufgaben nicht mehr übersehen oder davor weg-
laufen kann, sondern unmissverständlich darauf gestoßen
wird und sie angehen muss. Je mehr der Mensch sein Herz
für die tatsächlichen inneren Werte öffnet, umso näher ist
er sich, Gott und somit der Liebe.
Ist diese Seele jedoch im vergangenen Leben am Gefühl
der Vergebung wirklich gewachsen und hat sie die Liebe
aus einer anderen Intensität erfahren, ist sie offen für eine
neue Eigenschaft.
Der Lebensweg lässt sich in wesentlich größerer Leichtigkeit gestalten, wenn der Mensch erkennen kann, welche
Gaben und Aufgaben er in dieses Leben mitgebracht hat.
Es ist dann aber auch wichtig, sich immer in Erinnerung
zu rufen, dass die Ursache für alle Probleme und ungelös-
ten Fragen die Angst ist und die Lösung und alle Antwor-

ten in der Selbstliebe zu finden sind. So begeben wir uns nicht in ein Labyrinth mit unzähligen Fragen, die uns nur noch mehr verwirren, sondern gehen zielgerichtet mit unserer Energie um.

So können wir einen Überblick über unser Leben bekommen, Verständnis für unsere Vergangenheit, Gegenwart und Zukunft entwickeln und können mit Hilfe des Schutzengels spüren, wohin unser Weg geht.

Jeder Schritt im Außen vollzieht sich auch im Inneren. Leben Sie in Harmonie aus der tiefen Liebe zu Ihnen selbst und allem, was ist. Das sind die Lebensaufgaben.

Konsequenz und Fleiß zahlen sich aus. Wenn Sie von etwas überzeugt sind, dann gehen Sie dem von Herzen nach. Durch neue Aufgaben entstehen neue Kräfte, die den Menschen und seinen Charakter erst richtig stark und aufrichtig machen.

Unerschütterliches Vertrauen sollte immer in allem zugegen sein, denn damit lässt sich vieles leichter bewältigen, als es zunächst vielleicht den Anschein hatte. Selbst wenn sich etwas komplizierter darstellt, dann ist auch dies mit unerschütterlichem Vertrauen zu meistern. Vertrauen Sie sich selbst und der Führung Gottes. Wachsen Sie an Ihren Aufgaben, und vertrauen Sie allzeit auf eine lichtvolle Lösung. Sie werden immer die Kraft haben, die Sie benötigen, um etwas in der Welt zu bewegen und um selbst daran zu wachsen. Haben Sie Freude an großen Dingen, vor allem wenn sie Ihre persönliche »Welt« betreffen. Glauben Sie zweifelsfrei an Ihr Potenzial, das alles machbar macht.

Üben Sie Geduld, lassen Sie sich Zeit für die richtigen Entscheidungen. Auch wenn Sie immer bereit und tatkräftig sind, kann es manchmal hilfreich sein, sich zurückzunehmen und auf sein Gefühl zu hören. Oft geht es weniger darum, was es zu bewältigen gibt, als viel mehr darum, wie man seinen Geist und seine Kräfte am besten einsetzt. Hierfür kann Ihnen folgendes Gebet helfen:

> »Liebe lichtvolle geistige Welt, ich bitte um Gottes Kraft und um die Hilfe der Engel. Ich bitte um Segen und Unterstützung bei meinen Lebensaufgaben. Zeigt mir bitte auf, wie ich in Vertrauen und Liebe wachsen kann. Ich bin bereit, meine Aufgabe lichtvoll zu meistern. Amen.«

Freuen Sie sich auf die Zunahme der Lebenserfahrungen. Für die eigene Wahrnehmung und das Dienen durch die Lebenserfahrungen ist der Mensch auf dieser Erde. Sie sind mittendrin in der Faszination Leben, nehmen Sie es bewusst vom ganzen Herzen an und erfreuen Sie sich daran. Vergeben Sie und lassen Sie Vergangenes los, dann kann das Licht sich in Ihnen entfalten und Ihren Lebensweg erhellen. Erinnern Sie sich an die höchste Kraft des Lebens, an die Liebe. Wenn Sie die Dinge aus dieser Perspektive betrachten, können Sie in allem das göttliche Licht spüren und sich auf Ihrem Lebensweg davon leiten lassen. Packen Sie mutig anstehende Dinge an, und erfreuen Sie sich an kreativen Lösungen. Ihr Lebensweg ist dafür da, die Ereignisse einer lichtvollen Lösung zuzuführen.

Spirituelles Leben bedeutet kein problemloses, sondern ein lösungsorientiertes Leben. Gefühle und Intuition wollen ausgelebt werden, damit Sie sich lichtvoll und glücklich wahrnehmen können. Handeln Sie dabei stets geduldig, verständnisvoll und kreativ. Dafür können Sie gerne die folgende Übung nutzen:

Setzen Sie sich bequem hin, und atmen Sie mehrmals tief durch.

Fragen Sie sich: »Welche wesentlichen Dinge stehen zur Bewältigung an?« Lassen Sie die Dinge in Ihnen aufsteigen und ordnen Sie sie.

Machen Sie sich bewusst, wie gut und zufrieden Sie sich nach der erfolgreichen Erledigung fühlen würden. Die Emotion ist auch die Motivation und der Antrieb, und nehmen Sie alle Aufgaben in Leichtigkeit.

So erwacht eine immer größere Achtsamkeit allem gegenüber, denn Achtsamkeit ist ein Wegweiser und wird somit täglich benötigt. Sie zeigt den Weg aus Krisen und kann zu einer heilsamen Selbsterkenntnis führen. Ein spirituelles Leben soll den Menschen befähigen, mit allem lichtvoll umzugehen, und bedeutet somit, sich in jeder Lebenslage mit dem Höheren verbunden zu wissen. Daraus schöpfen wir Kraft, stärken die eigene Intuition und entwickeln daraus weise Lösungen. Mit der Kraft Ihres Herzens werden Sie stets wissen, was das Richtige und Lichtvolle für Sie ist. Somit können Sie das kosmische Wissen in Ihrem Leben immer bewusster erfahren.

Der Seelenweg im Kreislauf des Lebens

Jedes irdische Leben beginnt mit dem Mysterium der Geburt. Vor dem physischen Geburtsprozess legt eine Seele im Jenseits ihren Seelenplan für eine neue Inkarnation fest. Dies findet statt, nachdem die Seele im Jenseits, in den oberen Astralwelten des Himmels, die siebte Stufe, die Dimension der Liebe durchschritten hat. Dann kann sie sich entscheiden, ob sie für ihre weitere Entwicklung die geistigen Sphären, also den Himmel, nutzt oder ein neues Erdenleben bevorzugt, also wieder auf die Erde zurückkehrt und wieder als Mensch inkarniert. Manche Seelen verbringen nach unserer irdischen Zeitrechnung eine lange Zeit in den geistigen Dimensionen, andere inkarnieren recht schnell wieder.

Die Entscheidung für ein neues Erdenleben fällt sie aufgrund ihrer Resonanz zum menschlichen Leben auf der Erde, weil sie sich dort mehr zu Hause fühlt als in den feinstofflichen himmlischen Sphären.

Für ein neues Erdenleben richtet die Seele ihren Fokus vom Himmel aus wieder auf die Erde und bereitet sich auf ihr neues Erdenleben vor. Im tibetischen Buddhismus bezeichnet man diesen Zustand oder diesen »Raum« zwischen Tod und neuer Inkarnation als »Bardo«. Die Seele erkennt das Davor und das Danach. Dabei wird sie von ihrem Schutzengel begleitet. Man kann sich das symbolisch so vorstellen, dass Seele und Schutzengel auf einem hohen Berg stehen und gemeinsam in den weiten Horizont hinausschauen. Sie nehmen die Schwingung der Seele, ihren Entwicklungszustand und ihre in den bisherigen Inkarnationen noch nicht abgeschlossenen Erfahrungen und nicht gelösten Emotionen wahr, mit denen somit noch eine Resonanz besteht. Aus diesen vorhandenen menschlichen Emotionen werden die anstehenden Lebensaufgaben für die neue Inkarnation wie Vertrauen und Loslassen erkennbar.

Der Schutzengel schlägt der Seele einige mögliche Wege zur Erlangung der vorgenommenen Erfahrungen vor, die beispielsweise im beruflichen, sozialen oder privaten Bereich umgesetzt werden könnten. Die Seele fühlt hinein, ob sie diesen Lebensaufgaben bereits gewachsen ist. Dabei wird die Seele die Empfehlungen ihres Schutzengels annehmen oder manche auch ablehnen beziehungsweise sie für zukünftige Inkarnationen zurückstellen und eigene Vorschläge machen.

Durch die Resonanz ihrer Schwingung, der noch nicht gelösten karmischen Ursachen, also der Verstrickung der nicht gelösten Emotionen, fühlt sie sich von den entsprechenden Lebensaufgaben, Eltern, Kultur usw. angezogen und legt mit ihrem Schutzengel einen sogenannten »roten Faden« für ihr zukünftiges Leben fest, der als innerer Ruf in ihrer Seele als sogenannter Seelenplan gespeichert wird. Hier fallen die schicksalhaften Entscheidungen, die sie auf ihrem irdischen Lebensweg in ihren Lebensaufgaben wachsen lassen, um in ihrer Resonanz noch mehr in Liebe zu erstrahlen und um dem wahren Lebenssinn der All-Liebe in der neuen Inkarnation näher zu kommen. Dann beginnt ihr Abenteuer in einem neuen Erdenleben.

Durch die Entscheidung für ein bestimmtes Elternhaus resultieren dann die Beschaffenheit der Gene, Konstitution, Körperlichkeit, Stärken und Schwächen, Fähigkeiten, Lebensbedingungen und vieles mehr.

Die gesamte Schwangerschaft wird von vielen unterschiedlichen Engeln unterstützend begleitet. Neben vielen anderen himmlischen Begleitern sind besonders drei Arten von Geburts- und Inkarnationsengeln hervorzuheben. Am intensivsten wirken die Inkarnationsengel. Sie zeigen sich in weiblicher Gestalt und strahlen in sonnigem Gelb. Die Aufgabe dieser Inkarnationsengel besteht darin, die Entwicklung von Mutter und Kind zu fördern. Sie sind die gesamte Schwangerschaft hindurch anwesend und unterstützen mit ihrer Energiearbeit die Entwicklungsphase in den neun Monaten.

Dann gibt es die Geburtsengel, die sich in männlicher Gestalt zeigen und blau-violett strahlen. Beide Engelarten sind ein bis zwei Wochen nach der Geburt immer noch allgegenwärtig, bis sich alle Energien des Kindes in seiner neuen Umgebung stabilisiert haben. Ab dann übernimmt der Schutzengel, der die Seele des Kindes während der ganzen Zeit mit begleitet hat, voll und ganz seine Aufgabe.

Es gibt noch die kleinen weiß-gelblichen Putten, wie wir sie oft aus Barockkirchen kennen. Sie befinden sich über dem Kopf der Mutter und erwecken mit ihrem »Gesang« allmählich Seele und Geist des Kindes.

Nach der Zusammenführung der Seelen von Mutter und Kind befindet sich zunächst die künftig inkarnierende Seele in voller Wachheit und in der Lichtgestalt, wie sie sich im Verlauf all ihrer bisherigen Inkarnationen im Himmel gebildet hat, in der Aura der werdenden Mutter. Die Lichtgestalt des Kindes, die sich zunächst noch in der Aura befand, wird immer mehr eins mit der Mutter, geht immer mehr in diese hinein und verdichtet sich im Schoß der Mutter.

Zwischen der siebten und elften Schwangerschaftswoche legt sich ein Vergessenheitsschleier über die Seele des Kindes. Es legt sich ein mattes Energiefeld über sie, damit sie vergessen kann, wer sie ist, woher sie kommt, was sie prägt und was sie sich vorgenommen hat. Das ist wichtig, damit sich die inkarnierende Seele ganz auf die neue Gegenwart konzentrieren kann und ungefiltert neue Eindrücke sammelt, die ihr dann für die Selbstentfaltung zur Verfügung stehen. Denn sonst würde sich das geborene Kind und der heranwachsende Mensch nicht auf das neue Leben einlassen können. Er könnte quasi geistig nicht auf der Erde inkarnieren, weil er stets nach hinten, in die Vergangenheit schaute. Damit würde er alle schönen und weniger schönen Erlebnisse von damals mit dem Heute vergleichen und sich der Gegenwart verschließen, er könnte dann die inneren Eigenschaften nicht weiterentwickeln. Gleichzeitig würde er auch in die Zukunft schauen in das, was er sich sehnsüchtig vorgenommen hat. Dies würde dazu führen, dass er die Gegenwart mit ihren Möglichkeiten nicht annehmen und somit keinen Weg in seinem Leben für die vorgenommenen Ziele finden würde.

Es würde keinerlei Vorteil bedeuten, wenn wir uns während unseres gesamten Erdenlebens ständig an alle früheren Leben erinnern würden. Wir wären schon als Kind erwachsen und könnten keine Neugierde entwickeln. Ebenso würden wir auch in alten Beziehungen verstrickt bleiben. Mit dem »Vergessenheitsschleier« trägt die geistige Welt beim Menschen zu seiner Erdung und dem Leben im Hier und Jetzt bei. Die Erinnerung an seine göttliche Herkunft, an seinen vorgenommenen irdischen Weg und die Lebensaufgaben zum Lebenssinn der Liebe bleiben unverfälscht im Inneren vorhanden und sind als inneres Wissen, Intuition und vor allem als innerer Ruf erfahrbar. Deshalb heißt es: »Folge deinem Herzen, denn es kennt die Wahrheit.«

Ungefähr bis zum fünften Monat hat der Embryo keine »eigene« Identität, sondern ist eins mit der Mutter. Dann erwacht die Persönlichkeit des neuen Menschen, seine Seele. Körper, Seele und Geist entwickeln sich nun weiter, um sich immer mehr auf das neue Erdenleben vorzubereiten, um schließlich auf der Erde zu landen.

Während seines irdischen Lebens geht es darum, sich über die Resonanz, im Austausch und Miteinander sich in seiner Wesenheit wahrzunehmen. Das ist eine Möglichkeit, die in den geistigen Dimensionen nicht gegeben ist, da es dort zwar Emotion, aber keine eigenen Wahrnehmungen geben kann.

Jede Seele hat sich vor ihrer Inkarnation einige Vorhaben im Außen innerhalb des eigenen Lebensweges vorgenommen. Dies können berufliche Entscheidungen, zwischenmenschliche Begegnungen und das Umsetzen von inneren Fähigkeiten sein.

Die lichtvolle geistige Welt bemüht sich aus ihrer himmlischen Dimension heraus jeden Menschen so zu führen, dass er seinem ursprünglich vorgenommenen Weg folgen kann. Dies geschieht über die Intuition und »Geistesblitze« in Form von innerem Wissen im Menschen. Die geistige Welt entspricht nicht der Materie und hat somit auch keine phonetische Sprache, das heißt, die Übermittlung geschieht ausschließlich über die Emotio auf der Herzensebene. Der Mensch als geistiges Wesen kann also mit den geistigen Sphären über sein Herz kommunizieren. Folgt der Mensch seiner geistigen Führung, so kann er die richtigen Entscheidungen treffen und seine vorgenommenen Lebensaufgaben ausleben.

Nach unserem hiesigen Ableben und Wiedereintreten in die geistigen Sphären begleitet uns unser Schutzengel auch weiterhin. Dieser Übergang in die himmlische Welt, die frei von jeglichen Konturen und Strukturen ist, benötigt von unserer Seele zunächst viel Vertrauen, Loslassen und Hingabe. Spätestens hier müssen wir uns ganz vertrauensvoll und losgelöst unserem Schutzengel hingeben, damit er uns den Weg ins Licht aufzeigt. Nun heißt es auch hier, die sieben Entwicklungsschritte zu vollziehen – Erkenntnis, Verständnis, Vergebung, Vertrauen, Mut, Loslassen und Liebe –, die uns unser ganzes Leben hindurch begleiten.

Hier gelten dann wieder andere Maßstäbe und Werte als in der Materie, und wir werden uns fragen, inwieweit wir das nun hinter uns liegende Erdenleben wirklich für unsere seelische Entwicklung nutzen konnten. Das befreiende Empfinden wird drüben ähnlich wahrgenommen werden wie hier: Je mehr Ballast wir abwerfen, desto lichtvoller, leichter, freier und glücklicher werden wir.

Der Mensch ist mehr als sichtbare Materie
und Intellekt, er ist ein geistiges Wesen,
das irdische Erfahrungen macht.

9. Die Bewusstseinsebenen

Geist und Seele

Um die Bewusstseinsebenen besser verinnerlichen zu
können, ist es sinnvoll zu verstehen, worum es sich bei der
unsterblichen menschlichen Seele und dem menschlichen
Geist handelt. Bereits in der Antike sprachen die Menschen von der Seele als eine Lebenskraft, die von den Göt-
tern eingehaucht wurde. Für Platon war es das »rationale
Wesen« des Menschen. Im Mittelalter suchten die christlichen Denker nach Gott im Innern des Menschen. Für
den französischen Philosophen, Mathematiker und Na-
turwissenschaftler René Descartes (1596–1650), der als
Begründer des modernen frühneuzeitlichen Rationalismus
bezeichnet wird, war die Seele die denkende Substanz, die
unabhängig vom Körper existieren kann (»Ich denke, also
bin ich«).
Im 18. Jahrhundert ersetzten die Philosophen die Seele
immer mehr durch Begriffe wie Bewusstsein und das
Selbst. Ab dem 20. Jahrhundert will die Wissenschaft

von einer Seele längst nichts mehr wissen. Aus Sicht der modernen Hirnforschung sind alle geistigen Phänomene nichts anderes als neurobiologische Prozesse.

Der Mensch ist jedoch ein geistiges Wesen, denn er ist nicht nur ein materieller Körper, sondern sein Leib wird beseelt von seinem Geist und seiner Seele. Alle diese Schwingungen sind göttliche Energien.

Der Geist ist eine übergeordnete Instanz, die beim Denken inneres Wissen und Klarheit schenkt. Er ist eine energetische Hülle, die den menschlichen Körper während der Inkarnation umgibt. Sie bietet ihm die Möglichkeit, über sein Überbewusstsein Kontakt zur Akasha-Chronik aufrechtzuerhalten und durch Klarheit der Gedanken über das »universelle Hellwissen« zu verfügen, durch das Erkenntnisse und Inspirationen in ihn hineinströmen. Jeder Mensch kennt bewusst wie auch erlebt diese Kraft, wenn er plötzlich Einfälle, Geistesblitze oder stimmiges inneres Wissen hat.

Innerhalb der Sterbephasen geht die Geisteshülle als Erstes aus dem sterbenden Körper heraus und steigt langsam, nach und nach, als weiß-silberne Energie nach oben, um in der Akasha-Chronik die bisherigen Lebenserfahrungen und das erlangte Wissen zu speichern und dort bis zu einer Wiedergeburt zu verweilen.

Die Seele ist der Sitz der Emotionen und ermöglicht es dem Menschen, sich Inkarnation für Inkarnation aus dem angstvollen Verhalten in einen liebevollen Zustand der All-Liebe zu entwickeln. Sie ist eine durchsichtige Hülle, erfüllt mit sonnig-gelbem Licht, die die Emotionen des Menschen in sich trägt und die dauerhafte Entwicklung der inneren Werte ermöglicht.

Die Seele tritt beim Sterbenden als Letztes aus. Deshalb sind die Sterbephasen für die weitere Entwicklung der Seele besonders wichtig. Während der Geist schon ausgetreten ist, bleibt die Seele als reine Emotion zurück. Hier kann sie nochmals das Leben völlig unverfälscht und frei von der rationalen Beurteilungskraft des Geistes erleben. Wer sich als großes Licht erkennt, wird ein großes Licht sein. Erkennen Sie Ihr wahres Selbst. Erinnern Sie sich stets daran, dass alles Energie ist. Sie senden und empfangen bewusst wie auch unbewusst ständig Energie. Ihr Geist, Ihre Seele und auch Ihr Körper ist alles Energie. Strahlen Sie in Liebe und Freude, dann erkennen Sie das göttliche Licht in sich. Licht erschafft keinen Schatten. Schatten entsteht, wenn Licht auf die Materie fällt. Das heißt, der Schatten sind stets wir selbst, wenn wir in Angst sind. Das höchste Ziel ist immer, innere Balance in allem zu haben. Spiritualität sowie das kosmische Licht sind nichts Abstraktes. Sie tragen das Licht bewusst in sich, wenn Sie in Achtsamkeit leben und aus friedvollen Absichten heraus handeln. Dann schwingen Sie noch feinstofflicher und damit noch lichtvoller. Ihr Energiepotenzial erhöht sich, weil Sie sich durch die Liebe mit himmlischen Kräften verbinden und durch Ihre Freude und Glück diese auf der Erde ausbreiten. Erstrahlen Sie selbst im Lichte Gottes, seien Sie selbst Liebe. Das Licht der Hoffnung ist ewiglich.

Das Gefühl der Hoffnung entspricht einer hohen Schwingung, die durch den wachen und klaren Geist in intensiver Verbundenheit mit den himmlischen Sphären entsteht. Dies erschafft ein so hohes Energiefeld, dass es auch andere Menschen liebevoll berührt und lichtvolle Lösungen anzieht. Diese Kraft der geistigen Anbindung eines jeden Einzelnen durch die Erinnerung und die Besinnung auf das Wesentliche ist grenzenlos und ewiglich. Auch Ihr Bewusstsein ist unendlich und frei. Leben Sie Ihr einzigartiges Leben bewusst und voller Freude, das heißt, seien Sie sich Ihres Weges und Ihrer Stärken bewusst.

Bewusstsein

Betrachten wir nun das Bewusstsein. Bewusstsein ist all das, was wir in der Gegenwart im wachen Zustand erleben. Bewusstsein ist alles Geistig-Seelische, das erdgebundene Erleben wie auch die spirituellen Erfahrungen. Bewusstsein ist all das, was wir an Gedanken und Gefühlen, Erinnerungen und Erwartungen, Tagträumen und Ahnungen Tag für Tag erleben. Es ist also das Bewusstsein im Alltag, so dass der Begriff »Alltagsbewusstsein« recht gut und brauchbar umschreibt, mit welcher Art von Bewusstsein wir es zu tun haben.

Die Geisteswissenschaften haben sich schon früh daran gemacht zu erforschen, wie dieses Bewusstsein durch andere Impulse bewegt, geprägt und gebildet wird – durch Sitten und Gebräuche, durch Familienmuster, durch körperliche Möglichkeiten und Begrenzungen, durch Wünsche und Befürchtungen, durch Freude und Leid. Unser Alltagsbewusstsein wird vor allem durch unsere Sinneserfahrungen gebildet und beeinflusst sowie durch die mentalen und emotionalen »Raster« beziehungsweise »Filter«, durch die wir unsere Erlebnisse bewerten und einordnen.

Um im Alltag in einem wachen Bewusstsein sein zu können, schnell und stimmig reagieren und richtige Entscheidungen treffen zu können, ist Gelassenheit besonders hilfreich. Denn jeglicher Alltagsstress entsteht nicht im Außen, sondern in uns. Wer Stress erlebt, ist unfähig, äußeren Reizen begegnen zu können. Gelassenheit bedeutet, Dinge geschehen lassen zu können, dafür ist innere Balance notwendig.

Atmen Sie im Laufe des Tages immer wieder einmal bewusst tief durch, und achten Sie auch darauf, dass Sie jeglicher Angelegenheit in urteilsfreier Ruhe und innerer Klarheit begegnen. Rennen Sie nicht gestresst am Leben vorbei, sondern betrachten Sie alles in innerer Ruhe. Gehen Sie alle Aufgaben ausgeglichen und bewusst an, so können Sie schneller und leichter Ihr Ziel erreichen. Leben Sie die Ruhe und Harmonie, und lassen Sie sich nicht in Angst oder Euphorie hineinfallen, sondern denken Sie in solchen Situationen an den Satz »Alles geht vorbei«. So sind Sie in der Präsenz der Gegenwart mit wachem Bewusstsein, weil Sie bewusst und nicht nur unbewusst selbst bestimmen, wie Sie auf die Dinge reagieren und somit die Qualität Ihres Tages mitbestimmen.

Unterbewusstsein

Das Unterbewusstsein ist eine wichtige Instanz, die uns durch »gesunde« Ängste vor gefährlichen Ereignissen schützt und uns somit am Leben erhält. Allerdings ist es auch Sitz der »ungesunden« Ängste, die uns das Leben schwermachen. Es besteht zunächst nicht aus sich selbst heraus, sondern wird durch zwei wichtige Einflüsse nach und nach gebildet und verfestigt sich dann oft, so dass es wie ein eigenständiges Gebilde wirkt.

Einer der Einflüsse sind alle Sinneseindrücke, die wir vom Beginn des Lebens an aufnehmen. Mit diesen äußeren Sinneseindrücken stellen sich mehr und mehr Bewertungen ein. Vor dem lauten Geräusch eines tief fliegenden Militärjets oder dem aggressiven Bellen eines Hundes haben wir Angst. Die liebevolle Stimme der Mutter oder eine schöne

Musik entspannt uns dagegen und gibt Vertrauen. Mit der Zeit bestimmen wiederholte Sinneseindrücke, die ähnlich oder gleich bewertet werden, die Muster, die sich im Unterbewusstsein festsetzen und uns von nun an mit einer gewissen Eigendynamik bestimmen. Wir können sie zwar ändern, das erfordert aber ein bewusstes verändertes Denken, Bewerten und Handeln. Das Unterbewusstsein wirkt letztlich wie ein Steuerungsorgan für unseren Alltag, das Dinge anzieht, die wünschenswert und vielversprechend, und andere Dinge abstößt, die gefährlich erscheinen.

Ein weiterer Einfluss können Prägungen von Eltern und Ahnen, genetisch und feinstofflich, sowie Prägungen karmischer Natur aus früheren Leben sein. Bedenken wir dabei: Die traditionelle Wissenschaft hat uns zu Opfern gemacht, weil sie davon ausgegangen ist, es gäbe äußere Kräfte, die uns beeinflussen und kontrollieren, zum Beispiel unsere Gene. Die neueren Forschungen beweisen jedoch das Gegenteil: Die Gene werden von unseren Sichtweisen bestimmt. Wenn man das begreift, wird man zum Meister der eigenen Biologie. Man versteht plötzlich, dass man die Freiheit hat, seine Überzeugungen und Gefühle zu ändern. Aber die Menschen wollen das nicht so gern wahrhaben, weil es letztendlich bedeutet, dass jeder selbst für sein Leben verantwortlich zeichnet.

Lassen Sie sich von ganzem Herzen auf das Leben ein, und Sie werden auf alles eine Antwort finden. Öffnen Sie Ihr emotionales Herz jeden Tag ganz bewusst für alles Lichtund Sinnvolle. Dann werden Ihnen großartige Dinge begegnen. So lassen Sie sich ganz bewusst auf das Leben und Ihren inneren wie auch äußeren Reichtum ein und entdecken das Wissen und die Weisheit, die in Ihnen schlummert. In diesem Zustand sind Sie ganz im Gefühl und in der Weisheit und finden alle Antworten in sich.

Seien Sie dankbar für alles, was Sie haben. Denn oft übersieht der Mensch vor lauter Wünschen, was er alles bereits hat, wofür er wirklich dankbar und zufrieden sein kann. Es ist wichtig, sich immer wieder zu vergegenwärtigen, dass der Weg zur äußeren Fülle durch die innere führt. Betrachten Sie also nicht den Mangel, sondern das Vorhandene, und seien Sie dankbar für das, was ist, und dafür, dass es so ist, wie es ist. Auf diese Weise ist Ihr Herz offen für die Wunder und die Schönheit des Lebens.

Wunder begegnen einem oft auf unerwartete Weise. Ein Wunder ist, wenn innere Bereitschaft zusammenkommt mit aufrichtigen, ehrlichen Menschen und sinnvollen Umständen. An der eigenen inneren Bereitschaft und Aufmerksamkeit gegenüber anderen Menschen sowie an der Offenheit neuen Möglichkeiten gegenüber kann man arbeiten, man kann diese segnen und geschehen lassen. In diesem liebevollen Bewusstsein leben Sie im inneren Gleichgewicht.

Verurteilen Sie das Leben nicht, sondern beobachten Sie stets interessiert alle Bereiche des Lebens. Ein achtsamer Beobachter ist immer im Gleichgewicht und immer in der Kraft der Liebe. Tragen Sie bewusst die Liebe in Ihrem Herzen, so befinden Sie sich im Gleichgewicht. Dann erwacht die Liebe umso mehr, denn Liebe ist ein Gefühl, das man erleben muss und stets noch erweitern kann. Menschen können über die Liebe reden, aber sie werden sie so nicht verstehen. Sie werden sie erleben, wenn sie sich umarmen.

Überbewusstsein

Das Überbewusstsein ist eine Form, ein Zustand oder ein Schwingungsfeld des Bewusstseins, das ganz offen für feinstoffliche, rein geistige Erscheinungen ist, die jenseits von Raum und Zeit sind. Es ist mit den höheren Dimensionen des Göttlichen verbunden. Es hat auch ständigen Kontakt zur Akasha-Chronik, dieser göttlichen Dimension, wo alles Wissen vorhanden ist.

Verbinden Sie für ein bewusstes Handeln geistige und seelische Kräfte miteinander, und Sie werden erkennen können, dass jede Lebenssituation ein wahrer Lehrer sein kann. Es liegt immer an einem selbst, welches Lernumfeld man in seiner Resonanz erschafft und wie man dies dann nutzt.

Es ist sehr hilfreich, durch die Meditation zu innerer Ruhe zu gelangen, um für die Aktivität im Außen gerüstet zu sein. Es geht darum, sich den eintretenden Situationen furchtlos und mit uneingeschränktem Vertrauen zu begegnen und nicht zu flüchten oder anzugreifen. Aus diesem Gegenwartsbewusstsein heraus entwickelt sich die Kraft, neutral, klar, weise und konsequent zu reagieren, ohne in falsche Verhaltensmuster zu fallen. Denn nur im aktiven Tun lernt man tatsächlich, und das Höhere darf wirken.

Durch die im Unterbewussten gespeicherten negativen Ängste erschafft sich der Mensch schnell eine ablehnende und krank machende Meinung über das Leben und gerät leicht in eine entsprechende Resonanz, die seinen Blickwinkel einschränkt, Erkenntnisse und gar Erleuchtungen verhindert und somit im eingeschränkten, also im nicht erwachten Bewusstsein seinen Weg gehen muss. Eine solche negative oder verurteilende Lebenseinstellung verschließt den Kontakt zum Überbewussten und erschafft eine scheinbare Trennung zwischen »oben« und »unten«. Dies ist ein selbstzerstörerischer Mechanismus.

Bedenken Sie immer wieder: Sie sind Schöpfer Ihres Bewusstseins, und Sie erschaffen Ihre eigene Welt. Denn das, was Sie heute denken, werden Sie morgen anziehen. Lenken Sie Ihre Gedanken in die richtigen, liebevollen Bahnen. Achten Sie auf Ihre Gedanken, denn sie erschaffen Ihre Realität. Achten Sie wiederholt auf Ihr vorherrschendes Gedankengut, und richten Sie es immer wieder in die positive und liebevolle Richtung. Die Welt ist immer so, wie Sie sie sehen, richten Sie Ihr Augenmerk auf lichtvolle und erfreuliche Dinge. Aus dieser inneren Einstellung heraus wirken Sie positiv auf Ihre Umwelt.

Wenn Sie alles in Liebe und Freude angehen, wird das Leben leichter sein. Es ist weniger wichtig, was wir machen, sondern viel mehr, wie wir es machen. Wenn wir zum Beispiel einer »ungeliebten« Tätigkeit nachgehen müssen, so hilft die Unzufriedenheit darüber weder Ihnen noch sonst jemand anders weiter, und es kann auch keine Veränderung angezogen werden. Es geht vielmehr um die Frage: »Wie gehe ich dieser Arbeit nach?« Fragen Sie sich, welche Eigenschaft Sie während dieser Arbeit besonders intensiv lernen können. Vielleicht ist es Konzentration oder Freude? Gehen Sie in diese positive Kraft hinein, und Sie werden aus der Situation als gestärkte Persönlichkeit herausgehen. Nun können Sie das anziehen, was Sie auch bewältigen können und was Sie mehr erfüllt. Denn im Bewusstsein des Augenblicks liegt die Wahrheit. Genießen Sie den Augenblick, denn jeder Augenblick ist einzigartig. Doch oft verliert sich der Mensch im Grübeln über das, was in Vergangenem war, und über das, was er sich in Zukunft wünscht. Die Lösung und der Erfolg sind jedoch ausschließlich in der Gegenwart zu finden. Atmen Sie daher immer wieder bewusst tief durch, um sich wahrzunehmen, und seien Sie im Hier und Jetzt. Im unerschrockenen Glauben an das Gute können Sie alles schaffen. Immer wenn Sie sich in einer »Sackgasse« fühlen, fragen Sie sich und fühlen Sie, woran Sie in diesem Moment gerade wirklich vorherrschend glauben, was Ihrer tatsächlichen verdeckten Überzeugung entspricht. Dann werden Sie verstehen, dass Ihre Grundstimmung Sie möglicherweise dorthin gebracht hat, wo Sie sich gerade befinden. Und Sie werden feststellen können, dass Sie dies augenblicklich auch wieder verändern können.

Besinnen Sie sich auf den Glauben an das Gute; an das Gute in Ihnen, in den Mitmenschen und in der Welt. So beeinflussen Sie Ihr Umfeld positiv. Machen Sie sich auf und seien Sie bereit für Ihren lichtvollen Weg. Die meisten Menschen wünschen sich für sich nur das Beste, doch oft blockieren sie durch ihre Gedanken genau dies oder lehnen es sogar unbewusst ab. Seien Sie achtsam Ihren Gedanken und Ihrem Selbstwertgefühl gegenüber, indem Sie Ihre Kontakte beobachten: Wie gehen Sie mit anderen um, wie wirken Sie auf andere, und wie wirken andere auf Sie? Sollten Sie dabei Blockierungen und Hemmung feststellen, so nutzen Sie diese Erkenntnis dazu, noch bewusster, aufgerichteter und liebevoller durch die Welt zu gehen. Erkennen Sie sich als den wichtigen Mittelpunkt Ihres Kosmos, und gestalten Sie Ihren Weg bewusst lichtvoll. Innere Ruhe begünstigt das Urvertrauen, die innere Sicherheit und stimmige Entscheidungen. Vieles, was in uns denkt, stimmt mit der Realität nicht überein, denn viele Gedanken sind verfärbt von falschen Mustern, Missverständnissen, Schuldgefühlen und Melancholie.

Gestalten Sie Ihren Alltag mit vorherrschend liebevollen Gedanken und Gefühlen, und nehmen Sie sich dafür mehrmals am Tag »Ruheinseln« und Denkpausen. So kann Ihnen alles, was für Sie wichtig ist, auch gelingen. Wenn wir an etwas wirklich glauben, wenn für uns etwas wirklich wichtig ist, dann erwacht unterbewusst die Bereitschaft, uns mit allen Sinnen darauf zu konzentrieren und somit über uns selbst hinauszuwachsen. Wegen dieses Optimismus sind wir mit dem ganzen Herzen bei der Sache, so dass diese auch gelingen muss. Segnen wir unsere Ziele voller Liebe und Geduld und übergeben sie an die Engel in der unerschütterlichen Überzeugung, dass sich alles lichtvoll entwickelt. So können wir unseren Weg mit Überzeugung, Gelassenheit und Leichtigkeit gehen.

Achten Sie sich, nehmen Sie Ihre Bedürfnisse wahr und ernst, und stehen Sie für diese ein. Wenn Sie es nicht tun, wird es auch niemand anders tun. Das Burn-out-Syndrom ist in unserer Gesellschaft immer mehr durch mangelnde Selbstwahrnehmung und mangelndes Selbstwertgefühl auf dem Vormarsch. Finden Sie Ihre Liebe zu sich selbst, und nehmen Sie Ihre Belange wichtig. Für Muße, Freude und Gesundheit muss es im Alltag immer Zeit und Raum geben. Nehmen Sie Ihr Leben, Ihre Freiheit und Eigenverantwortung bewusst, voll und ganz in die Hand, und erfreuen Sie sich daran. Genießen Sie die wunderbare innere Balance, Ihre Liebe, Ihr Urvertrauen und Ihre geistige Verbundenheit. Dann werden Sie unerschöpfliche Kraft für alles und jeden spüren. Der Schlüssel für alle Lösungen liegt in Ihrer Hand. Jeder Mensch besitzt einen freien Willen und kann damit bewusst und unbewusst über sein Leben, seine Weltansicht und seinen Erfolg entscheiden.

Glück ist ein Geburtsrecht.
Du erlebst es im Gefühl,
nichts festhalten zu wollen.

10. Kraft und Heilung durch spirituelle Anbindung

Die energetischen Blockaden durch die bewussten sowie unbewussten Ängste sind die häufigsten Ursachen für Unwohlsein, Schwere und Krankheit. Ganz gleich, welche medizinische und therapeutische Hilfe ein Mensch dabei in Anspruch nimmt, er sollte sich auch immer mit seinen Selbstheilungskräften auseinandersetzen. Denn für echten Heilerfolg ist der Betroffene selbst verantwortlich.

Ängste spalten uns ab, sie hindern uns daran, unsere Einheit mit allem, vor allem mit dem göttlichen Licht, das uns bis in die Zellebene durchdringt und für Harmonie und Gesundheit sorgt, zu erkennen und ganz in dieser Kraft zu leben und daraus zu schöpfen. Angst hat immer mit mangelndem Urvertrauen zu tun, und so merkwürdig es vielleicht klingt: Die Angst vor dem Tod ist ein Spiegelbild der Angst vor dem Leben. Angst ist die Sorge, statt Fülle würde Mangel eintreten, statt des Lebens der Tod, statt unseres Seins ein Nichtsein, ein Ausgelöschtwerden. Warum haben wir Angst vor dem Tod? Weil wir uns der Fülle des Lebens »danach«, des Weiterlebens im Jenseits nach dem

Körperleben, nicht bewusst sind. Weil wir noch nicht erkannt und begriffen haben, dass wir wahrhaft göttliches Licht sind. Aus diesen beiden Ängsten entstehen dann weitere Ängste, beispielsweise Existenzängste, Angst vor Einsamkeit, Angst vor Entwicklung, Angst vor Abhängigkeiten, Angst vor Gut und Böse, Angst vor Hilflosigkeit und sogar Angst vor einem strafenden Gott. Wenn wir Vertrauen und Liebe zulassen, sind wir schnell in der Lage, die Ängste zu überwinden.

Für jeden Menschen spielt die Gesundheit während seines ganzen Lebens eine bedeutende Rolle. Sie sollte deshalb auch einen hohen Stellenwert erhalten. Doch oft beginnen die Menschen sich erst um ihren gesundheitlichen Zustand zu kümmern, wenn eine Krankheit bereits vorhanden ist. Viele Menschen können von ihrer Krankheit viel über sich selbst lernen, andere wiederum setzen sich auch dann noch nicht mit ihrem Leben auseinander. Man kann Gesundheit und Heilung nicht kaufen. Die heilende Kraft, die einem ein Leben lang zur Verfügung steht und die man effektiv nutzen kann, ist in jedem Menschen vorhanden und von Gott gegeben. Wichtige Voraussetzungen für Vitalität und Gesundheit sind natürlich Bewegung, gesunde, ausgewogene Ernährung, Meditation und innere Durchlichtung.

Es ist wichtig, die Kräfte des Körpers mit denen des Gefühls (Seele) und der Gedanken (Geist) zu verbinden. Der materielle Körper ist zwar vergänglich, doch solange er uns auf Erden als Vehikel dient, sollte er gesund sein. Die Gesunderhaltung des Körpers ist über die Durchlichtung der Zellen möglich, wenn Seele und Geist dies zulassen. Die Durchlichtung geschieht durch geistige Verbundenheit und liebevolle Gefühle, die die Kraft haben, den Körper zu heilen. Aus dem Vertrauen in unsere Gefühle lernen wir, Offenheit, Weisheit und Liebe zu empfinden.

Es ist unabdingbar, dass der Geist frei ist, das heißt, uneingeschränktes Denken über den eigenen Horizont hinaus muss vorhanden sein. Aus dem inneren Wissen können wahrer Glaube, lichtvolle Handlungen und Heilsein entstehen.

Die Dreifaltigkeit von körperlichem Atem, liebevollem Fühlen und klarem Denken ist eine der Grundvoraussetzungen für die innere Entwicklung und glückliches Handeln. Am Empfinden des Körpers können wir immer feststellen, ob wir in Liebe und Harmonie leben oder ob unsere Seele leidet und wir geistig festgefahren sind. Wenn man eine gute Selbstwahrnehmung hat und liebe- und freudvoll seinem Lebenssinn folgt, sind Körper, Geist und Seele im Gleichgewicht.

Nach all meinen persönlichen Erfahrungen im Austausch mit den Patienten während meiner früheren Mitarbeit in einer Naturheilpraxis, mit meinen früheren Klienten und mit den Teilnehmern in meinen Heilerlehrgängen und -Seminaren bin ich davon überzeugt, dass der Heilungsprozess eines Menschen zu einem großen Teil von der Verantwortung des Betroffenen abhängt. Davon, wie er die Hilfe annehmen und wie er vertrauensvoll »Ja« sagen kann. Bereits Jesus sagte: »Dein Glaube hat dich geheilt.« Der Weg führt immer wieder zum Urvertrauen und zur Selbstliebe zurück. Und wenn der Therapeut oder Heiler mit dem Betroffenen arbeitet, hängt der wirkliche Heilungsprozess auch von dem tiefen inneren Willen zur Heilwerdung, der eigenen Überzeugung und dem göttlichen Urvertrauen des Erkrankten ab.

Es gibt viele Möglichkeiten, die selbstverantwortliche Entscheidungskraft zu stärken. Folgende wichtige Fragen sollten geklärt werden: Woran will ich glauben? Wie will ich mich sehen? Kann ich mich wirklich lieben? Was bewirkt mein Verhalten im Hinblick auf meine Krankheit?

Der Weg in die Zukunft soll aus der gegenwärtigen Situation herausführen. Bei jeder Krankheit geht es darum, die eigenen Muster auch mit dem Erkennen der Ursache in der Vergangenheit zu begreifen. Die Gesundheit liegt in unserer Hand – in der Erkenntnis, dem Erleben und der Umsetzung des Erkannten.

Auch über die Gesundheit entwickelt sich der Mensch zu seinem Lebenssinn, der Liebe. So kann einen die Gesundheit dazu auffordern, sich im Leben an einer Weggabelung zu entscheiden, vorherrschende, krank machende Gedanken zu verändern. Der Mensch muss lernen, mit seiner Verantwortung und Freiheit umzugehen. Wenn man sich nicht für seine Gesundheit entscheidet, ist dies auch eine Entscheidung. Dann bestimmen jedoch das Schicksal, der Lauf der Dinge und das Umfeld. Sich zu entscheiden bedeutet aber immer, aus den eigenen Ängsten und Blockaden herauszuwachsen und sich auf den Weg zur Liebe zu begeben. Mit welcher Krankheit man sich auch konfrontiert sieht, wichtig ist, sich für die lichtvolle geistige Welt zu öffnen, so dass das kosmische Licht alle Zellen durchfluten und frei fließen kann. Man lernt, in dieser Energie zu begreifen, wo man steht, was einen blockiert und wohin man wirklich will.

Wir haben heute Zugriff auf viele verschiedene Traditionen, Formen und Methoden der Heilung aus unterschiedlichen Kulturen. Jedoch: Ein Allheilmittel gab und gibt es auch natürlich jetzt nicht. Vielmehr besteht die Aufgabe, aber auch die Chance zur Heilung darin, aus dem eigenen Leben individuelle Ansätze und Wege zu finden.

Nur in der Begegnung mit sich selbst, mit dem wahren Selbst, entwickelt sich die Kraft des Urvertrauens. Und diese Kraft ist die notwendige Voraussetzung für eine echte und dauerhafte Heilung. Urvertrauen bedeutet, ohne Urteile und Vorurteile, ohne traditionelle einengende Sichtweisen oder begrenzende persönliche Muster zu leben. So leben wir in einer vollen Klarheit, die nicht durch das Auf und Ab oder gar auch ein Chaos von Gedanken und Gefühlen verschleiert wird. Erst dann können wir den Sinn im Leben bei jedem einzelnen Schritt und Ereignis erkennen. Nur dann spüren wir die ungetrübte Verbindung zu den lichten Kräften des Himmels. Damit entsteht das, was wir Urvertrauen nennen: die Gewissheit, dass wir als Licht vom Lichte immer des Heils und der Heilung würdig sind und uns die Kräfte des Himmels immer zufließen. In dieser inneren Haltung ist der Mensch offen für die Heilkräfte aus der höchsten Quelle. Mit wachsendem Urvertrauen können wir in Freude immer mehr Hindernisse und Belastungen loslassen und ein Heilsein erfahren.

Wenn wir kein Urvertrauen besitzen, wird dieses »Vakuum« irgendwie gefüllt, meist mit Angst. Ängste wiederum hindern uns, unsere Einheit mit dem göttlichen Licht zu erkennen und ganz aus dieser Kraft zu leben.

Vollziehen wir liebevolle und befreiende Schritte mit dem Herzen (und nicht nur mit dem Intellekt), so stehen uns die Heilkraft, die unendliche Weisheit und das Wissen des ganzen Kosmos heute viel mehr zur Verfügung als je zuvor. Heute können wir Begrenzungen loslassen, die geistige Welt erwartet dies, die Engel stehen uns unterstützend zur Seite.

Viele Krankheiten können, bewusst wie auch unbewusst, eine seelische Ursache haben. Gesundheit hat mit der körperlichen Durchlichtung zu tun, die die Menschen oft, meist unbewusst durch Stress, Sorgen und Blockaden aus unerlösten Schockerlebnissen, vernachlässigen. Jedes Organ, jede einzelne Zelle will vom göttlichen Licht durchdrungen sein. Die Grundvoraussetzung dafür ist, seine kosmische Anbindung stets aufrechtzuerhalten. Dies geschieht durch innerliches Aufgerichtetsein, harmonische Gedanken und liebevolle Gefühle. Durch Vertrauen in Gott und in die Hilfe der Engel laden wir diese ein, uns hilfreich zu unterstützen.

Doch bedenken wir, dass es auch äußere Krankheitsursachen geben kann und nicht alles aus der Psyche kommt. Zum Beispiel können Elektrosmog und geomantische Störfaktoren Krankheiten verursachen. Dies wären zum Beispiel Ströme, die unter oder am Bett verlaufen, Handys, Handymasten in der Nähe des Hauses und schnurlose Telefone, Transformatoren neben dem Bett, Radiowecker, mit elektrischer Pumpe und Heizung ausgestattete Wasserbetten und Mikrowellen.

Die spirituelle Lebensformel der geistigen Heilung ist: Heilung geschieht durch Erkenntnis und Erlebnis. Der Mensch lernt das Menschsein vom Menschen. Vieles ist angelernt. Deshalb ist es bei Krankheiten wichtig, das zu erkennen, was nicht mehr einem selbst entspricht. Wir müssen uns für neue Erfahrungen öffnen, die wiederum neue Perspektiven eröffnen. So können wir neue und gesunde Verhaltensmuster erschaffen und somit einen individuellen Weg zur persönlichen Erfüllung und Entwicklung. Sie werden bald spüren, dass die Lebensfreude einem Flügel verleiht und auch Wunder möglich macht.

Im Leben geht es immer wieder darum, dass die Pflichten die Lebensfreude nicht überwiegen dürfen. Sonst ist man auf Dauer weder leistungsfähig noch lebenstüchtig. Leben Sie auch hier bewusst diese Balance. Die dann vorhandene innere Stimmigkeit und Zufriedenheit im eigenen Leben macht einen leicht und mobilisiert Kräfte. In der Selbsthilfe entfalten sich die Selbstheilungskräfte. Heilung zu erleben bedeutet, sich selbst ganz und gar anzunehmen. Denn jeder Konflikt, den wir innerlich oder äußerlich führen, ist in Wirklichkeit der Konflikt mit uns selbst. Spüren Sie von ganzem Herzen Liebe zu Ihnen, ganz gleich, was ist und was Sie bewegt. Denn in hingebungsvoller Selbstliebe kann man, bewusst wie auch unbewusst, die ursächlichen Blockaden auflösen. Dadurch kann auch die körperliche Durchlichtung wieder vollumfänglich stattfinden, und die Selbstheilungskräfte können ungehindert durch die Energiebahnen im Körper fließen. Im Zustand der uneingeschränkten Selbstliebe und des inneren Friedens ist man nicht manipulierbar und auch nicht verletzbar. In diesem vorherrschenden Zustand kann Heilwerdung eintreten.

Denken Sie auch an die Heilquellen der Natur. Die Natur ist ein hervorragender Therapeut, weil sie einen lehrt, in der Gegenwart anzukommen und daraus Kraft zu schöpfen. Die Natur begünstigt uns auch dabei, uns zurück auf das Wesentliche zu besinnen, die wahren Bedürfnisse zu erkennen und diesen nachzugehen. Das Unwichtige wird hierbei zurücktreten. Öffnen Sie sich für die beeindruckende Schönheit und Kraft der Natur, und öffnen Sie Ihr emotionales Herz für die vorhandene Energie der Heilung. Aus der gegenwärtigen Besinnung auf das, was ist, öffnen sich auch die heilenden Kräfte in uns. Lassen Sie sich ganz auf die vier Naturelemente Erde, Wasser, Luft und Feuer mit allen Sinnen ein, und genießen Sie die verschiedenen Qualitäten und Zustände.

Bewegung ist ein wesentlicher Teil der Heilung. Bewegung beruhigt den Geist, was wiederum Heilkräfte freisetzt. Innere Stille weitet den eigenen Horizont. Die Beweglichkeit sollte im Inneren wie auch im Außen vorhanden sein. Bringen Sie frische Energie in Ihr Leben, indem Sie sich körperlich betätigen und damit Ihren Geist frei machen.

Nutzen Sie auch den Atem als dauerhafte Heil- und Kraftquelle. Atmen tun wir so oder so, doch wir können energieverbrauchend oder energieschöpfend atmen. Werden

Sie sich Ihrer unbewussten Lebenshaltung durch Beobachtung des eigenen Atemrhythmus bewusst, und achten Sie darauf, tief und befreiend zu atmen.

Die Seele nährt sich von allem, was ihr Freude bereitet, und dies ist in keinem rationalen Wissen zu finden, sondern es sind die liebevollen Erlebnisse. Nur die Liebe heilt. Positive, liebevolle Erfahrungen und weise Einsichten können im Körper stagnierende Energie wieder in Fluss bringen und die Heilung aller Zellen ermöglichen. Auch die Seelenkraft wächst durch liebevolle Erkenntnisse.

Überall, in allem ist heilende Kraft vorhanden, es gibt aber auch krank machende Kräfte. Es liegt an Ihnen, wie Sie mit Begegnungen und Lebenssituationen umgehen. Betrachten Sie vergangene Erlebnisse liebevoll, wandeln Sie vielleicht vorhandene negative Gefühle durch Vergebung um, lassen Sie diese Gefühle zurück mit der Erkenntnis, dass sie sich nicht mehr wiederholen werden, weil Sie es nicht zulassen – so können lichtvolle Erkenntnisse wachsen. Folgen Sie Ihrem liebevollen Herzen, und lassen Sie somit heilsame Kräfte entstehen. Tragen Sie heilsame Gefühle, die von Liebe durchdrungen sind, bewusst in Ihrem Herzen, und bewahren Sie sie. Spüren Sie Ihre Liebe zu sich selbst, zu den Mitmenschen, zu Gott und der Schöpfung, dann stehen Sie im heiligen und heilenden Licht. Finden Sie die Antworten auf Ihre Fragen in Ihrem göttlichen Herzen und schließen Sie Frieden. In Liebe und Lebensbejahung kann alles heilen.

Aus esoterischen Kreisen vernehme ich wiederholt den Begriff »krank machendes Karma«. Wenn Sie in Liebe sind, brauchen Sie sich über so etwas keinerlei Gedanken zu machen. Das sogenannte Karma ist nämlich in Wirklichkeit nichts anderes als nicht losgelassene Gefühle. Werden Sie sich der Prüfungen Ihres Lebens bewusst, denn das irdische Leben wie auch danach wieder das jenseitige ist für die seelische Entwicklung da. Betrachten Sie alle herausfordernden Lebenssituationen als Chancen, und gehen Sie alles bewusst und authentisch an, denn Lebenserfahrungen bringen uns in unserer Weisheit und unseren Erkenntnissen weiter. Das Leben will gelebt werden, richten Sie den Blick stets nach vorn und nicht zurück, und seien Sie offen für jeden Zugewinn an Erfahrung, Wissen, Weisheit und Stärke.

Heilung kommt aus dem synchronen Fließen mit dem Leben und aus dem Loslassen von innerem Kampf. Weise Menschen kämpfen nicht, sie verstehen in Liebe.

Philosophen haben gepredigt, man sollte in der ständigen Gegenwart des Todes leben. Dies bedeutet nichts anderes, als dass man sich an der Materie nicht festhalten soll, sondern sich immer wieder fragen: »Werden mich Dinge und Geschehnisse, die mich jetzt tangieren, auch später im Jenseits noch interessieren?«, »Wie habe ich mein Erdenleben genutzt, um auf den Entwicklungsweg zum ewigen Licht und der All-Liebe weiterzukommen?« Man kann letztendlich langfristig nichts besitzen, keine materiellen Güter, nicht einmal den eigenen Körper, und das ist für die wahre menschliche Entwicklung wesentlich und gut so. Alles ist vergänglich, alles ist in Bewegung. Man kann aber heute bereits begreifen, dass wir als geistige Wesen für seelische Lebensaufgaben da sind, um dem Lebenssinn der All-Liebe durch die zwar vergänglichen, aber hier und jetzt doch aktuellen Lebenserfahrungen näher zu kommen.

Wir sind als Kinder Gottes unsterbliches Licht. Im Jenseits wird uns die Materie nicht mehr interessieren, sondern die Resonanz, aus der unsere Lebenserfahrungen entstanden sind, und die Frage, ob wir die Zeit unseres Erdendaseins wirklich für unseren Lebenssinn genutzt haben. Diese erkenntnisreiche Betrachtung macht das Leben mit seiner Vergänglichkeit leichter und fröhlicher, vor allem wenn man versteht, dass alles nur Energie ist. Wir sollten mit diesen Erkenntnissen uns im diesseitigen Erdenleben so entwickeln, dass wir Zufriedenheit und Glück verspüren. Das wird umso intensiver geschehen, je näher wir uns an unserem Seelenplan aufhalten.

Die höchste Erkenntnis der Liebe, die sich dann im Jenseits einstellt, besteht darin, dass wir wirklich nichts besitzen können und auch tatsächlich nichts besitzen wollen. Diese Erkenntnis schenkt der Seele ihre Freiheit zurück; sie ist sich selbst genug. Wenn wir einer solchen Erkenntnis bereits im Hier und Jetzt auf Erden nachgehen, dann kann in uns die Liebe in ungeahnter Fülle wachsen und die Erkenntnis darüber erwachen, dass wir so, wie wir sind, vollkommen und wunderbar sind. Wir müssen niemand anders gefallen, und umgekehrt muss uns auch niemand gefallen, aber wir akzeptieren jeden in seinem Sosein. Dieser Zustand beschert uns die Freiheit und macht unser Leben wesentlich erfüllter.

*Wer Vergnügen an seinem Tun hat,
zieht Erfolg an.*

11. Schlusswort

Ich wünsche jedem Menschen, dass es ihm gelingt, die Kraft der Achtsamkeit zu entwickeln. Möge er auch ein Bewusstsein entwickeln für die Perfektion der Schöpfung mit der Erkenntnis, dass alles eins ist, er stets mit allem in Verbindung steht und ihm durch die Annahme seiner Verbundenheit große Hilfe zuteilwerden kann. Der Mensch darf nicht nur bitten, er muss ebenso auch bereit sein, zu empfangen.

Seien Sie allzeit im Bewusstsein, was für Sie zum entsprechenden Zeitpunkt richtig und stimmig ist, und seien Sie Ihrem inneren Gefühl und der eigenen Liebesfähigkeit gegenüber aufmerksam. Prüfen Sie genau, was Ihrem Weg entspricht, und erkennen Sie, welche Chancen Ihnen Schicksal und Lebensfügung bieten. Die Menschen sind in der neuen Zeit viel sensibler als jemals zuvor und können die Engel und deren Hilfe viel intensiver wahrnehmen. Durch die tägliche Verbindung in einem Gebet, durch bewusste innere Handlung, durch Segnung und durch Stille im Inneren können Sie Ihre Sensibilität entwickeln und bewusst steuern und das geistige Wissen, das in allem vorhanden ist, bewusst nutzen.

In liebevoller Resonanz steht dem Menschen alle Weisheit und Hilfe zur Verfügung. Ein jeder muss für sich seine Prioritäten setzen und entscheiden, wie er sein Leben gestalten möchte und wieweit er in liebevoller Konsequenz und nach spirituellen Werten handeln möchte. Die individuell vorgenommenen und auf den Seelenplan zugeschnittenen sowie für diese Inkarnation vorgesehenen Aufgaben werden immer lauter und lauter und gestalten auch die Welt im Außen.

Die Menschen sind sich selbst sowie auch ihren Mitmenschen gegenüber sensibler geworden. Sie haben mehr und mehr gütige Gefühle und begreifen, dass sie die Wahrheit im Herzen tragen. Dank einer befreiten Spiritualität sind wir immer mehr in der Lage, Hilfe anzunehmen und auch unseren Mitmenschen gegenüber hilfsbereiter und mitfühlender zu sein. Das spirituelle Bewusstsein wird immer größer werden, und die Menschen werden stärker nach ihren eigenen inneren Quellen und Wegen zu Gott suchen. Sie werden begreifen, dass dies nicht im Außen geschehen kann, sondern im eigenen Herzen zu erleben ist. Wir leben in einer großen Zeit der Transformation.

Mit unserer eigenen lichtvollen Kraft, vor allem durch das Vorleben, können wir Einfluss auf das Weltgeschehen haben. Es geht darum, Spiritualität von ganzem Herzen vorzuleben und seine Harmonie und Freude auszustrahlen, so werden Sie auch die Herzen anderer erreichen. Achten Sie darauf, was Ihnen Kraft gibt und was Sie Kraft kostet. Seien Sie achtsam den Werten gegenüber, die Sie aktuell leben und vorleben: Vertrauen oder Hektik; Gebet und Stille oder Ablenkung; Segnungen oder Ablehnung.

In der heutigen Zeit geht es darum, im Vertrauen stark zu sein, mutig und weise zu sein und jeden Tag in Achtsamkeit und lichtvoller Hoffnung zu leben. In fester Überzeugung einer lichtvollen Zukunft sind wir kraft- und lichtvoll und in der Lage, uns mit den Engeln zu verbinden und unserem Seelenplan von ganzem Herzen zu folgen.

Doch achten Sie bitte darauf, dass Erdverbundenheit und Bodenständigkeit mindestens genauso stark vorhanden sind wie das spirituelle Bewusstsein. Glauben Sie nicht, mit aller Macht Erleuchtung erfahren zu müssen, denn dies macht weder einen besseren noch einen schlechteren Menschen aus Ihnen. Erleuchtung bedeutet nicht, »übermenschlich« zu sein und dem Alltag zu entfliehen, sondern die Erkenntnis und die Fähigkeit, seinen festgefahrenen Blickwinkel auf das Leben verschieben und erweitern zu können. Dies entspricht der Kraft des Urvertrauens und der höchsten Kreativität unserer emotionalen Intelligenz. Eine Erleuchtung müssen wir nicht innerhalb dieser Inkarnation erlangen, es kommt für alles die richtige Zeit, denn Gottes Schöpfung ist so vielfältig, so groß, kreativ und weit und wird vom Menschen niemals in seiner Ganzheit überblickt und erkannt werden können. Immer fügt sich eins zum anderen, aber es geht immer um die heilige Kraft der Gegenwart.

Je bewusster Sie sich Ihrer Glückseligkeit und Liebesfähigkeit werden, umso erfolgreicher, aktiver und strahlender wird Ihr Leben sein. Es ist ein sehr individueller Weg, und wenn man das gegenwärtige Jetzt genießen kann, ist man schon mitten im lichtvollen Sein! Seien Sie jeden Tag neugierig auf das Wunder der Wandlung. Es wird fröhlichere wie auch anspruchsvollere Zeiten geben. Unsere Entwicklung und Aufgabe liegt darin, sich den Lebensthemen zu stellen und zu erkennen, dass alles vollkommen ist, so wie es ist, und den anerzogenen und selbstauferlegten Perfektionismus abzubauen. Je mehr man die licht- und liebevolle Essenz des Lebens in den Herausforderungen des Lebens erkennt, umso mehr kann man sich seiner eigenen Vollkommenheit und seines Schöpferpotenzials bewusst werden. Jedes Leben bewegt sich in Richtung des erwachenden Bewusstseins zur göttlichen Einheit hin. Mögen wir dabei begreifen, dass das gesamte Geschehen im irdischen Leben eine Abfolge fortlaufender Veränderungen ist. Mit solcher Erkenntnis werden wir dann immer weniger der Versuchung erliegen, alles zu kontrollieren oder festhalten zu wollen. Je mehr Bewegung im Leben ist, umso mehr sind innere Stille und Vertrauen erforderlich. Dann kann sich der Mensch wahrlich im Fluss seines glücklichen Lebens befinden.

Unser momentan eher hektisches Geschehen im Außen fordert von uns spirituelles Bewusstsein und die Hinwendung zu den inneren Werten. Wer sich abwendet, merkt heute sehr schnell, dass er mit ausschließlich materiellen Werten und ebensolchem Gedankengut das Glück nicht finden wird. Wenn Sie sich dazu entscheiden, die schwächenden, blockierenden, glücks- und erfolgshemmenden und krank machenden negativen Verhaltensmuster aufzugeben, dann wird sich auch die Wandlung im Außen vollziehen. Dann lassen Sie sich nicht mehr von Unwissenheit und den unterbewussten Mustern und Ängsten bestimmen. Je besser man die inneren und äußeren Vorgänge und auch die Freiheit der eigenen liebevollen Spiritualität erkennt, umso mehr ist man im Begreifen und in der Bewusstwerdung, denn Wissen erschafft Bewusstsein und fördert die Weisheit. Es ist gut, zu begreifen, dass im Außen niemals Gefühle zu befriedigen sind, sie sind ausschließlich im Inneren zu erleben. Trotzdem sollte im Außen kein Mangel bestehen. Denn Mangel im Außen kann auch die Erkenntnis der inneren Fülle blockieren.

Der Mensch ist ein geistiges Wesen, und die Wandlung und Bewusstseinsentwicklung der neuen Zeit ist langfristig und für alle Beteiligten auf dieser Erde zugänglich, sie braucht jedoch Zeit und dauert sicherlich nicht nur ein menschliches Erdenleben. Und das ist gut so – alles hat seine Zeit, und alles liegt im göttlichen Plan. Es wird sowieso kommen, wie es kommen soll und vorgesehen ist, und die Menschheit muss für ein neues Bewusstsein auch noch weiter reifen. Leben wir also glücklich und zufrieden auf dieser Erde, und erfreuen wir uns an unserem zunehmend erwachenden Bewusstsein.

Durch die zunehmende Bewusstseinsentfaltung wird alles feinstofflicher. Je mehr Freiheit und Feinstofflichkeit, umso weniger Struktur hat die Menschheit. Der Mensch wird neu entdecken, begreifen und entscheiden müssen, in welche Richtung er sein Leben steuern will. Anders gesagt: Je aktiver ich mein Bewusstsein steuere und mich dieser Kraft hingebe, desto eher werde ich dem Wandel gewachsen sein.

Die Zukunft wird von uns neue Erkenntnisse, neue Forschungen, neue Ideen, neue Kreativität, neue Wege fordern, aber auch neue Chancen bereitstellen. Und hier geht es um unsere Bereitschaft, uns dem Leben zu stellen, den Veränderungen gegenüber offen zu sein und uns nicht zu verschließen und uns vom Schicksal mitschleppen zu lassen. Mit der zunehmenden Freiheit kommt auch vermehrt die individuelle Verantwortung in unser Bewusstsein und in das innere Weltengeschehen, denn alles ist in Symbiose und muss im Einklang sein.

Evolutionäre Entwicklung findet laufend statt, ob wir wollen oder nicht. Gottes Schöpfung ist durch seine Gnade perfekt, und es geht immer weiter. Die Kulturen vermischen sich, und dadurch wachsen die Nationen mehr und mehr in ein gemeinsames Verantwortungsbewusstsein. Religiöse Wandlung, neue Kräfte und freie Spiritualität werden zusehends möglich. Diese Entfaltung des freien Bewusstseins findet auf allen Ebenen statt, und genau diese innere Freiheit, die auch nach außen drängt, fördert die neue Entfaltung. Wir können fast nichts Altes mehr nachahmen. Wir müssen neue Ideen entwickeln, und dabei helfen uns die alten Gedanken nur wenig. Die geistige Welt ist die wahre Inspirationsquelle und wirkt auf das erwachende Bewusstsein der Menschheit.

Der Mensch hat sich in einer Weise verselbständigt, die nie zuvor möglich, nicht einmal denkbar gewesen wäre. Die Unwissenheit hatte früher Unterdrückung zur Folge, doch jetzt fördert das frei verfügbare Wissen die Freiheit der inneren seelisch-geistigen sowie der äußeren Ebenen. Wissen und Freiheit fördern auch das gegenseitige Verständnis und beschleunigen die evolutionäre Entwicklung zum Licht der All-Liebe. Das alles ist wunderbar, und deshalb ist es so wichtig, dass wir von einer lichtvollen Zukunft überzeugt sind und allen Wandlungen mit viel Geduld und Verständnis begegnen. Wenn wir uns im spirituellen Bereich beeilen wollen, leben wir an der Spiritualität vorbei. Es lohnt sich, das Gegenwärtige mit Liebe und Begeisterung so anzunehmen, wie es ist, denn es ist wunderschön, auf unserem Planeten Erde zu leben.

Wenn wir uns dem Leben vertrauensvoll stellen, geben wir den Engeln die Möglichkeit, auf uns zu wirken. So können sie uns helfen, unsere in diese Inkarnation mitgebrachten Fähigkeiten zu erkennen, zu entfalten und zu nutzen. In unserem Inneren ist der ganze Reichtum der Schöpfung vorhanden. Möge die Liebe unsere Heimat sein. Es gibt eine Heimat im Außen, dort, wo man sich geliebt und willkommen fühlt. Die viel größere Heimat ist jedoch die im Inneren, wo die Seele in Einheit mit Gott ist. Denken Sie nicht im Mangel, und suchen Sie nichts im Außen, was es dort nicht zu finden gibt. Leben Sie in der Fülle und im Bewusstsein, ein großes göttliches Licht zu sein. Der Weise erkennt und schweigt, er lebt Frieden, und durch die

Weisheit können wir erkennen, niemandem etwas beweisen zu müssen. Es entsteht ein tiefes Gefühl der Verbundenheit mit dem Leben und dem Göttlichen darin. Ein Wissender ist ein Wissender, während ein Nicht-Wissender nur versucht, ein Wissender zu sein, er ist somit auf die Anerkennung von außen angewiesen. Weisheit und Leichtigkeit offenbaren sich einem durch die Lebensbejahung und Lebenserfahrung. Treten Sie die Reise nach innen an und schöpfen Sie Wissen und Weisheit aus den Erfahrungen. Sie offenbaren einem die Möglichkeit, vertrauensvoller und gelassener mit den Lebenssituationen umzugehen und aus allem Kraft zu schöpfen.

Achten Sie auf die Zeichen am Wegesrand Ihres Lebens. Himmlische Zeichen und Wegweisungen können uns immer und überall begegnen. Begeistern Sie sich für die Wunder, und haben Sie Freude am Leben. Gehen Sie aufmerksamer durch Ihr Leben, umso mehr können Sie Inspiration aus allem und jedem schöpfen. Sie haben Ihren freien Willen und die nötige Kraft, jederzeit die Richtung zu korrigieren. Leben Sie in der inneren Haltung »Lieber Gott, dein Wille geschehe durch meinen.« Dies unterstützt das Vertrauen und die Zuversicht auf die kommende Entwicklung. Besinnen Sie sich stets auf Ihre geistige Anbindung und auf die Liebe, dann wird Ihnen eine grenzenlose Kraft, verbunden mit himmlischer Hilfe, zur Verfügung stehen. Vollziehen wir in diesem Sinne voller Vertrauen und Zuversicht den großen Schritt in die »neue Zeit« mit all den neuen Eigenschaften. Nutzen wir diese für unser Wissen, für unsere Freiheit und zum Nutzen der Welt.

Anhang

Bisher erschienene Bücher, Karten und CDs von Jana Haas

- Engel und die neue Zeit: Heilwerden mit den lichten Helfern. Berlin 2008 (Allegria Verlag)
- »Jana Haas«-Engelkarten (44 Lichtbotschaften mit Anleitung). Berlin 2008 (Allegria Verlag)
- Heilung mit der Kraft der Engel: Das Praxisbuch zum energetischen Heilen von Körper und Seele. München 2009 (Knaur Verlag)
- Erzengel und das neue Zeitalter: Ihre Kraft für persönliche Entwicklung. Beziehungen und Gesundheit nutzen. München 2009 (Knaur Verlag)
- Meditations-CD Erzengel und das neue Zeitalter. München 2009 (Knaur Verlag)
- Mit den Engeln durch das Jahr: 365 himmlische Botschaften. München 2009 (Knaur Verlag)
- Schutzengel: Wie uns die himmlischen Begleiter zur Seite stehen. München 2010 (Knaur Verlag)
- Meditations-CD Schutzengel. München 2010 (Knaur Verlag)
- Fragen an Gott und die Engel. Berlin 2011 (Allegria Verlag)
- Jenseitige Welten, München 2012 (Knaur Verlag)
- Schutzengel-Kalender: Mit den Engeln durch das ganze Jahr, Tag für Tag geführt und behütet. (Knaur Verlag München), erscheint jährlich

Kontakt:
Jana Haas
Hubenmühle 4, D-88 634 Herdwangen-Schönach
Tel. +49-(0)7552-938 399, Fax +49-(0)7552-938 626
www.jana-haas.com

JANA HAAS – Kinderhilfe in Russland e.V.

»Jana Haas – Kinderhilfe in Russland e.V.« wurde 2010 von Jana Haas gegründet. Vorrangiges Ziel des gemeinnützigen Vereins ist es, behinderten Kindern in Russland bessere Lebensperspektiven zu ermöglichen. Wir sind auf Sponsoren angewiesen. Auf der Homepage können Filme von Jana Haas über verschiedene spirituelle Themen kostenlos angesehen werden. Als Ausgleich bittet die Autorin um eine Spende für die hilfsbedürftigen behinderten Kinder und Jugendlichen.

Spendenkonto bei der Sparkasse Bodensee
Jana Haas – Kinderhilfe in Russland
Konto-Nr.: 24 66 28 01
BLZ: 690 500 01
IBAN: DE79 6905 0001 00 24 662 801
SWIFT-BIC: SOLADES1KNZ

Jana Haas – Kinderhilfe in Russland e.V.
Hubenmühle 4
88634 Herdwangen-Schönach
Fon: 07552-938 399
Fax: 07552-938 626
www.janahaas-kinderhilfe.de